PUHUA BOOKS

我们一起解决问题

写给饮品店老板的第一本书

饮品店开店运营全程指南

咖门 著

人 民 邮 电 出 版 社
北 京

图书在版编目（C I P）数据

写给饮品店老板的第一本书 ： 饮品店开店运营全程指南 / 咖门著. -- 北京 ： 人民邮电出版社， 2018.6（2023.4重印）
ISBN 978-7-115-48422-2

Ⅰ. ①写… Ⅱ. ①咖… Ⅲ. ①饮食业－商业经营 Ⅳ. ①F719.3

中国版本图书馆CIP数据核字(2018)第093584号

内容提要

消费升级的趋势，为饮品行业带来了变革和兴盛；较低的行业门槛，也使得餐饮投资人、公司白领，甚至在校大学生纷纷涌入这个行业。面对快速发展的行业和日趋激烈的竞争，饮品店这门生意如何做才能赚钱，成了很多人要解决的第一个问题。

本书作者深入研究和访谈了星巴克、喜茶等饮品行业的领先者，实地探访了 1 点点、CoCo 都可等新业态饮品店，详细讲解了饮品店在开店选址上的注意事项，系统总结了饮品店现有的 14 种盈利模式，还提炼了饮品店营销拓客的高效实战方法，使读者可以通过阅读本书全面掌握饮品店从“设想开店”到“真正运营赚钱”的每一个实操细节和要点。

本书适合想要进入或刚刚进入饮品行业的创业者、经营者和投资者阅读。

◆ 著　咖　门
责任编辑　王飞龙
责任印制　焦志炜
◆人民邮电出版社出版发行　　北京市丰台区成寿寺路 11 号
邮编 100164　电子邮件 315@ptpress.com.cn
网址 https：//www.ptpress.com.cn
北京盛通印刷股份有限公司印刷
◆开本：720×960　1/16
印张：17.5　　2018 年 6 月第 1 版
字数：230 千字　　2023 年 4 月北京第 19 次印刷

定　价：59.00 元

读者服务热线：（010） 81055656　印装质量热线：（010） 81055316
反盗版热线：（010） 81055315
广告经营许可证：京东市监广登字20170147号

前　言

咖啡向下，茶饮向上

在饮品业“万有饮力”高峰论坛上，我把行业趋势总结成一句话放在开场的PPT上：咖啡向下，茶饮向上。

星巴克中国传播总监张蔚当时也在场，她当即打趣说：“你说咖啡向下，我不能苟同。因为我们十分看好中国的咖啡市场潜力，星巴克在中国快20年了，我们认为也才开了个头呢。”

其实我说的咖啡向下，并不是指它的发展趋势向下。它的发展趋势还是很棒的，咖啡行业在国内的增速都快达到世界平均水平的10倍了。我说的向下，指的是咖啡在中国应该放下身段，去探索大众化的市场。

“咖门”和美团点评联合发布的饮品大数据显示，我国咖啡馆的数量在2016年年中突破了10万家以后，便一路下滑。2016—2017年，国内咖啡馆一共开店8万家，关店数则达到了12万家。

在很长一段时间里，咖啡在国内是“小资”“情调”“高级感”的代名词，很多开咖啡馆的老板对咖啡馆的定位模糊不清，仅靠个人喜好头脑一热就开店的比比皆是。

但在国内这片广袤的、消费习惯复杂的土地上，作为一种舶来品，咖啡遇到的是失衡多变、迭代迅速的市场生态。竞争激烈、洗牌速度加剧、开店容易赚钱难，成为咖啡馆老板们的普遍感受；“六亏三平一盈利”，成为咖啡馆生存状态的基本写照。

咖啡向下，说的是咖啡大众化市场的趋势。将精品咖啡的价格降下来，将服务意识提上去，放下身段，去做普适性的产品，去让更多的人喜欢上它。只有客群基数培养起来，咖啡馆的生意才会好做。

至于茶饮向上，就比较好理解了。

近几年大家也都看到了，茶饮市场正在向上升级。产品升级，品牌升级，背后的供应链也在升级和重塑，品牌溢价做出来了，整个形象也焕然一新。像现在的喜茶、奈雪的茶，可以跟国内外一些很顶级的机构做营销联动，这在以前的奶茶时代是无法想象的。

从现象来看，茶饮向上是升级。但从其本质来看，则是一场重塑。因为其背后的产业、供应链变了。

在奶茶时代，因为行业发展得很成熟，上游集约化特征很明显，产业结构已经优化得非常好了。比如你要买冰淇淋粉，挑遍整个市场，都逃不开那几个渠道。这也导致其供应链的同质化非常严重，模仿和抄袭的门槛也很低。尤其在品牌端，出现了以供应链为核心驱动的快招模式。

但是新式茶饮，其本质上最新的一点在于，市场供给端消费升级的需求，迫使供应链发生变革。新生代的品牌都是在自己摸索自己的供应链，例如承包茶园、水果园等，给大家提供独家的、区别于以往的、更加高级的产品。

这个向上的过程是比较辛苦的。除了上游原材料需要自己一点点“打磨”，产品在市场端的呈现也是需要老板们解决的问题。比如，至今市场上没有一款大家都满意的泡茶机。茶在市场端的文化表达有时候也跟不上产业发展。比如你有冰滴咖啡，我就来个冰滴茶；你有手冲咖啡，我就搞个手冲茶。很多时候显得比较肤浅。

上游供应链、产业和市场文化，茶饮跟咖啡比可能有一二十年的差距。但我认为这正是新式茶饮真正的黄金发展期。因为它在市场上已经呈现出“开挂”一般的无敌状态，所向披靡，品牌溢价和形象都做出来了，而且真正得到了消费市场的喜爱。

“咖门”是国内饮品行业首席经管自媒体，自2016年成立以来，刊发了千余篇行业纵深报道，从头部大牌到独立小店，从风向趋势到运营细节，从研发产品到塑造品牌，沉淀出一些规律性、实操性的打法和一些典型案例，“咖门”将之总结成册，便是这本《写给饮品店老板的第一本书》。希望它能让你的饮品店生意更顺利。

目　录

Chapter 1

第一章

调研、选址、装修——那些开饮品店之前要考虑清楚的事

02 开咖啡馆，一定要找合伙人吗

先来看看，你一般会出于什么原因要找合伙人。

（1）缺钱

话虽直白，但这确实是一个现实问题，如果只靠自己手里的资金开店可能达不到你心目中咖啡馆的规模与样子，而你又倔强不肯在设计方面让步，找合伙人做资金投入不失为一个优先备选项。

这种情况下请务必确定一个信息，你找的合伙人，究竟是只投入资金，拿取分红；还是也要参与管理，合伙经营。

（2）人手 / 能力欠缺

出于这种原因要合伙的人也不少，开一家咖啡馆需要多面手，对“咖啡小白”来说准入门槛不低。一位曾在有含金量的咖啡比赛中获过奖的咖啡师，一位经知名连锁企业历练过的店长，都是对新店有帮助的对象。

但首先还是回到与上一条相似的问题，对方是出资还是纯技术入股？对方的能力与经验是否与你互补且能独当一面？

（3）关系好

确实有人合伙创业的想法来自于此。多年好友，彼此信任，喝着啤酒，吃着烤串，头脑一热，大腿一拍：“就咱哥儿几个，做个什么不能成就一番事业啊！”

太想当然了吧。

这从某种角度上可以理解成一种心理上对安全感的寻求。开店之前你要先明白这种想法仅仅出于情感，还是包含其他能推动你咖啡馆发展的因素。仅仅建立在“关系好”上的合伙，对你们彼此以及要开的咖啡馆而言都是不负责任的。尤其对刚刚走出校园、又渴望自己创业的学生来说，缺乏商业经验，这样的合伙需要万分谨慎。而如果你抱着“失败了至少有几个人同病相怜”的想法做生意，可能还是老老实实去上班更合适。

03 要合伙必须先“约法三章”

其实，这个道理谁都懂。合伙开咖啡馆也不一定都是坑。毕竟“众人拾柴火焰高”，提前做好功课，未必不能“执子之手，与子偕老”。但要注意以下几个关键点。

（1）道不同不相为谋，但这还不够

价值观上是否趋同要先作确认：一个想追求短期利益、赚一笔就走的人，一个希望做长期品牌、开百年老店的人，目标与方向就不一样，即使都有能力，这力也使不到一起去。

那么确认价值观相同，就不会闹得不愉快吗？很遗憾，不是的。

实际上，还有很多容易让合伙人产生嫌隙的地方：行事风格，琐事争端。你雷厉风行，他从容淡定，看上去都是工作决策上的优秀品质，但这种不合拍，可能会因为咖啡馆中的各种烦琐事项一再重现，当意见相左成为意气之争时，一次两次，五次八次……就算你们拍胸脯保证“只谈生意，没有芥蒂”，一旦这种争执导致决策滞后，就会直接反映到生意上，你的团队也会被影响。

（2）认清现实，达成心理共识

开咖啡馆是一门很难赚快钱的生意。

你可能了解过一些咖啡馆十分火爆的案例，但要清楚，很多时候这些赚钱的咖啡馆并不具有可复制性：一个特殊的选址（周围尽是咖啡刚需人群）、一个亲戚的商铺（房租从此不担心）、一场漂亮的营销（前期巨额宣传投入）等。

对这些都望尘莫及的你来说，开咖啡馆这门生意要依靠持续的人气积累和良性经营，只有这样才能触碰到那个叫“盈利”的云朵边缘。毕竟在盈利之前，还要经历很长的养店期。

因此，作为一家咖啡馆的创始人，你要能够耐得住“清贫和寂寞”，你的合伙人当然也要知道这一点，要有创业的团队意识。

（3）明确每人的“权、责、利”

有这么一个例子，同样是一家初期生意很好的餐厅，由于懂行的那位股东所占股份少，当他在营运过程中持续提出自己的主张时，大股东内心却有想法了：“你出那点钱凭什么在这里指手画脚？”几次三番，这位懂行的小股东领悟到了这种画外音，慢慢失去了热情。这很快反映到了生意上——餐厅的盈利能力没过多久就不行了。

为了维护长久的合伙关系，需要订立分工明确的合同。明确各自的“权、责、利”，明确到底由谁主持大局，细分出什么事情谁来负责，清楚彼此的占股与分红……以及，制定一个好的退出机制和监督机制也很有必要。

另外一点，合伙关系是会发生变化的。咖啡馆的初生期、发展期侧重的资源不尽相同，提前做一些准备，预留一些空间，以免在前期“为了把店开起来”分出太多股份，以至于需要引进人才大力拓展时，没有了股权激励的空间……

“丑话说在前头”“先小人后君子”，这些看上去似乎有些不近人情的做法，从某种角度上讲，却最能体现合伙人的诚意所在。

4. 投资人喜欢什么样的咖啡馆

如果留意一下，你会发现，身边的咖啡馆越来越多了。

据市面流行的数据统计：2015 年中国咖啡消费市场规模达到 700 亿元，而且正在以每年 15% 的增速爆发，到 2025 年将达到万亿元规模。

吊诡的是，700 亿元的市场规模，15% 的市场增速，这样一个“蒸蒸日上”的行业，为什么产业资本对它不屑一顾？

为此，咖 sir 专门请教了几位投资人，听听他们怎么说。

01 行业扭曲，偏离商业轨道

“咖啡这个品类，目前并未出现特别性感的标的。”天图资本副总裁曾凡华告诉咖 sir。天图资本专注于消费品类投资，曾投资了甘其食、汤城小厨、周黑鸭等多个餐饮品牌。

在曾凡华看来，投资就是要投有差异化的品牌：“品牌调性、目标客群及其他环节具有差异化和创新性都可以。无差异不生存、无创新不生存就是我的投资价值观。没有差异化，我看都不会看。所以在没有看到让我欣赏的差异和创新之前，我不投咖啡行业。”

雕刻时光咖啡曾一度以“差异化”特色进入资本方视野。2011 年和 2012 年，挚信资本先后将两笔资金注入雕刻时光咖啡。

当年决定投资雕刻时光的挚信资本董事郑庆生，如今已加入红杉资本。他当时主要考虑的是雕刻时光与星巴克所表现出来的差异化：“它的特立独行存在着商业机会。”

显然，在资本方的眼中，咖啡行业受冷落的原因跟咖啡人自身在商业上表现出来的整体素质有很大关系。咖 sir 总结一下，主要表现在以下几个方面。

沉迷咖啡技术、对风味近乎变态地膜拜。

一味迷信 SCAA 等的技术指标，却忽视了应在市场上做本土消费者乐于接受的咖啡口味。看看隔壁，传统茶的衰落，所谓的“茶文化”难辞其咎。

过于推崇小众市场。

精品咖啡的崛起，本来应该从咖啡大众市场中进化而来。结果，全行业都在追求小众精品，甚至咒骂速溶产品。把咖啡当奢侈品，把咖啡文化当“圣经”来读，路只能越走越窄。

咖评

对手工艺的膜拜，同时，潜意识里对新技术的排斥。

在投资人眼中，这些扭曲的行为成了整个行业的风气，把自我情怀当宝，早就远远偏离了商业和资本的轨道。

产业资本期待的独角兽，还没有出现。

除了行业商业氛围的吊诡，咖啡从业人员开拓型人才的缺乏，也让资本望而却步。

天图资本在决定投资某个领域时，更看重“人”—— 有一个好的产品经理，创始人拥有远大的抱负和卓绝的领导力。“咖啡行业如果出现一位伟大的企业家，我肯定会关注。找到这个人，我们踏实地做吕不韦，辅佐你把事业做大。”曾凡华说：“资本方通常会先研究哪个领域有做大的机会，然后找到这个领域最具成为‘皇帝’潜力的人，动用所有资源帮助他成为品类冠军。”

中咖产业基金的发起人汪才华则表示，目前产业资本期待的咖啡独角兽企业，在资本方视野中尚未出现。“其实产业资本这两年一直期待一个咖啡独角兽的出现。我们一直关注咖啡行业的创新模式、咖啡馆品牌的突破，咖啡商业模式的更新。但咖啡行业的风气是人人自娱自乐、自我安逸，一直没出现一个黑马型的企业或创新型、科技型的标杆企业，不能一枝独秀。”

“只是现在咖啡领域缺乏开拓性人才的参与罢了。”天图资本副总裁曾凡华感叹。

据统计，2015 年大陆咖啡消费市场大约在 700 亿元的规模，距离成熟的万亿级市场还有巨大的市场空间。

尽管咖啡市场的消费数据在不断上涨，但目前这个体量还不足以引起产业资本的重视。

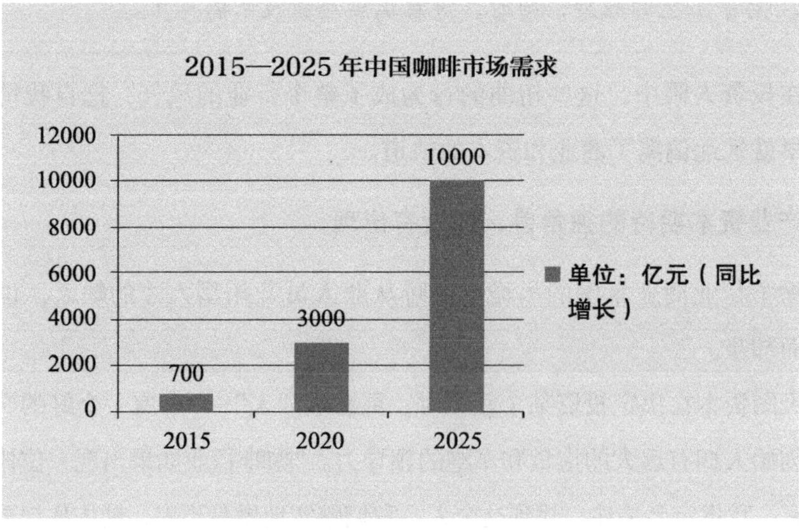

▲ 中国咖啡市场被认为年增速在 15% 以上

中咖产业基金发起人汪才华表示，产业资本是高度关注市场体量问题的。通常来说1000亿元~1500亿元的阶段，是产业资本介入的最佳时期。要知道，逐利的资本方最善于算计出手时机以获得更好的回报，他们往往只领先市场半步。“目前国内的咖啡市场还是比较弱、比较小的小众市场，几百亿元，实在是不值一提的市场。”

另外，不少业内人士认为，目前大家看到的这些数据存在大量的泡沫。

比如，上文提到的咖啡消费增长数据，实际上是仅根据一个进出口的指标做出的推算。汪才华认为，真正的数据应该包含三个方面：进出口数据，淘宝等电商的电子交易数据，咖啡馆开店的工商、税务数据和雀巢、麦斯威尔等速溶渠道的消费数据。

“总的来说，咖啡行业目前的数据还是缺乏标准性、专业性、权威性。我对现在咖啡市场的分析报表，不敢恭维。”

所以，咖啡馆老板们也不要太兴奋，行业数据上涨，并不意味着去咖啡馆喝咖啡的人在同比上涨。

总的来说，数据不明晰，让咖啡行业看上去“像雨像雾又像风”。产业资本看不明白，就很难贸然进入。

管理不规范。

在资本方看来，速溶咖啡领域已经没有机会；而咖啡馆这种业态，门槛低、工业化程度低、资产过重、盈利能力又太差，而且管理不规范。这让咖啡行业成为一个矛盾体：潜能巨大但行业芜杂，让资本方又爱又怕。

“我们很清晰地知道，对咖啡产业介入的时间节点真正难形成的原因在于：能够争夺的咖啡馆市场，存在经营不稳定、不透明、人员成本过高等问题。”汪才华说。比如，财务不透明，喝咖啡不开发票，收入就没有审计依据；不给员工交社保，人员流动性大；标准化程度低，尤其精品咖啡，其投入产出比也就低。

02 产业资本拥抱过的咖啡品牌

事实上，在咖啡产业中，产业资本已经开始悄悄有动作了：就在2017年，重庆咖啡金融交易中心、中咖产业基金等产业资本进入咖啡领域，咖啡金融将从源头上介入咖啡期货、交易，从种植上着手发力咖啡产业。

另外，产业资本并不是抛弃了咖啡馆这种业态。就咖啡品牌来说，至少还是有一些拿到了投资的。

咖sir简单梳理了一下，咖啡产业的资本投资大致分为两个阶段。

大手笔投资传统品牌：上市、上市、上市！

两岸咖啡、上岛咖啡和上文提到的雕刻时光是这一时期的代表。

2007年，凯雷投资以2100万美元投资迪欧咖啡；2008年高盛资本和华生资本以3000万美元投资两岸咖啡；2011年和2012年，挚信资本为雕刻时光注入两笔资金。

当时，系出台湾的迪欧咖啡和两岸咖啡品牌，都有相应的香港或A股上市计划。如今看来，迪欧与两岸这两笔投资实际上是不成功的，没有达到资本的预期。

播种互联网咖啡：未来、未来、未来！

这一阶段集中在2015—2016年，资本抛弃了传统咖啡行业，转向移动互联网给咖啡带来的新玩法，如表1-1所示。

表 1-1　2015—2016 年咖啡行业获得的融资

品牌	融资额	获得融资时间	资本方
零点吧	A 轮 3000 万元	2015 年 11 月	西部资本
咖啡码头	天使轮 1500 万元	2016 年 7 月	六町资本
连咖啡	B 轮 5000 万元	2016 年 4 月	华策影视
疯咖	天使轮数百万元	2015 年 8 月	未透露
Never Coffee	天使轮 300 万元	2015 年	洪泰基金
3W 咖啡	A 轮数千万元	2015 年 4 月	京东

但仔细梳理一下，这些获得产业资本青睐的咖啡品牌有两个特点。

第一个特点，它们大都是非传统咖啡馆，都是依托技术和移动互联网的品牌。相对于传统咖啡馆，这些不那么“正经”的咖啡馆却有完整的商业模式和盈利设计：有顶层设计，有商业模式，有强烈的客户体验和未来空间。

第二个特点，投资额度相对小。新的商业模式意味着机会，也意味着风险。比如，疯咖之前就宣告其 O2O 业务失败，被迫转型。

所以，在某种程度上说，并不是产业资本对咖啡不感冒，而是产业资本对传统咖啡馆的商业模式“不感冒”。

03 拥抱产业资本，你准备好了吗

在与多位资本界人士交流后，咖 sir 认为咖啡行业获得资本的破局点在行业的内部。

（1）推动咖啡市场的普及和大众化。让咖啡成为一种大众消费品，而不是用文化外衣包装的奢侈品。幸运的是，越来越多的行业人士开始认识到这一点。

（2）推进行业新技术、新商业模式。要知道，不只是星巴克推出了餐品，中餐企业也在推出咖啡。传统的咖啡行业人士怎么想不重要，更广泛的市场接受度才更重要。市场愿意为你的咖啡付费，你就是成功的。

（3）咖啡行业产业链上的企业，要有融合、开放、整合、跨界、共赢的胸怀，把市场、市值、利润向最大化发展。

对行业来说，没有规模优势就没有未来。

咖 sir 一直认为，大规模资本进入，是任何一个行业走向成熟的三大标志之一。另外两个标志分别是技术的突破与革新，以及拓展性人才的行业沉淀。

大规模资本涌入，就是优势品牌快速扩张，完善团队建设、产品研发，建立规模优势，完成品类占位的最好时机。没有准备的咖啡品牌将腹背受敌，甚至会被洗牌出局。

当然，最好的“产婆”也催生不出“假怀孕妈妈的孩子”。源码资本副总裁王星石提醒咖 sir，资本是外力，是催化剂，咖啡企业本身做得好才是根本。

5. 你要给谁、在哪儿、开一家什么样的咖啡馆

过去十多年中，“定位”理论被广为传播，不少企业主对“占据心智”“领袖法则”“阶梯定律”如数家珍。它使很多人完成了从产品经营到品牌经营的启蒙。近两年的餐饮行业，“定位”理论的运用达到了一个高潮：

不断做减法的菜单、越来越多的单一品类门店，甚至将产品名称写进自己的招牌里。

开一家咖啡馆，在产品刚需不足的市场现状下，一上来就谈“定位”理论或许显得有些缥缈。但至少，你应该想过这样一个关于定位的问题：

“要给谁，在哪儿，开一家什么样的咖啡馆？”

本节内容就从选址维度探讨了一家咖啡馆的“自我定位”。

01 不理清“定位”，就得时时“补位”

先来看一家餐厅的案例。

小 C 并不是第一次创业了，之前他开过一家餐馆，日子过得还算滋润。恰逢原来的店旧房拆迁，他就和朋友商量开一家新店。

很快，在朋友的推荐下，新店定在了离市中心较远，但是“附近小区多得数不过来”的地方，有过开店经验的小 C 是懂得“数灯看入住率”这种“套路”的。一到晚上，附近小区灯火通明，证明其入住率不错。人这么多，吃饭又是刚需，难道还愁没生意吗?

于是，没几天时间，小 C 就拿下了一个 200 平方米的门面，房租、装修……前期投入了 80 万元，但是店开起来，生意却不是那么回事儿了。

首先，小区的入住率虚高。小 C 后来才发现，店面附近小区虽然很多，但是业主要么只是正在装修房子，要么是刚搬进来的，实际入住率没有“数灯”数出来的那么“好看”。

其次，小 C 餐厅的定位出了问题。这一片小区的回迁房多，多是老人居住，年轻消费者少，消费能力不高，也更偏好清淡口味。而小 C 在这里开的偏偏是一家大店面、正餐式环境的川菜馆子，菜品普遍很辣。另外，此前小 C 擅长的是饺子店，不熟悉涉及更多食材的川菜后厨管理流程，也影响了上菜速度。种种原因，导致餐厅即使偶有客人，来吃一次也不“回头”了。

不得已之下，小C更换了厨师班底，改做没那么辣的家常菜，但已经“受伤”的消费者，不愿意再轻易进店尝试。

这就是没理清自己的定位，急于先把店开起来的结果。

咖评

思路没理清，定位没想好，选址也盲目。

曾经看到过一句话总结得很好：不要拿店面经营挑战所处位置的环境属性。尤其对咖啡馆来说，目标消费者本就对气质调性敏感，你一个不慎，就会流失掉一批目标客户。

以盈利为目的的咖啡馆，选址之前就要先对自身做好定位。夸张点来说，如果你真的找到了一个合适的位置，甚至可以配合地段调整咖啡馆的设计来进行匹配。

下面来看看咖啡馆基于选址的五个基本分类。

02 基于选址的五种咖啡馆定位

（1）商场型

优势

“看中的就是客流量！人气上升！”

问题

“啥？！旁边是家星巴克？对面有个太平洋？ Costa也要来？”

分析

商场的不同楼层适合的咖啡馆的定位也有所不同。

以超市、小吃为主的楼层，其消费特点往往是“求快”，小店较多、重效率、以外卖模式为主；

而如果处在餐饮大店较多的楼层，消费者到这层的目标明确——“吃饭”，那么就要考虑自己的咖啡馆是否需要加餐；

位于非餐饮但主力店较多的楼层，消费者通常在逛累了需要歇脚时光临，咖啡馆的环境就显得尤为重要了。

另外，在商场内做进一步铺位选择时，有时并非是商场规划或者你想象中的那个位置就最合适，要从消费者角度思考，根据动线和商场外部交通环境，多模拟几遍消费者可能的行动轨迹。

（2）校园型

优势

“考试复习、社团活动、班级聚会通通来这儿！”

问题

“寒暑假什么的最讨厌了，啊啊啊……”

分析

从自我定位的角度来说，校园型咖啡馆里，咖啡可能不是最主要的。要知道，在产品上，你的竞争对手包括但不限于奶茶店、冰淇淋店甚至快餐店……

校园型咖啡馆差异化的点，或许在环境——这里并非指店面如何装修，而是店面如何与学生群体互动，能否组织或承接一些活动，以产生更多文化附加值。

要做好准备的是，校园型咖啡馆每年可是有那么几个月没生意的哦。

（3）社区型

优势

“暖光、绿植、咖啡香……满足城市客厅功能的‘多面手’。”

问题

“再别问‘有没有盖浇饭卖’了，好吗？”

分析

不少人希望自己的小区门口能有一家咖啡馆。但社区咖啡馆却往往是“玩家多，赢家少”。

其中一个关键在于，选址时是否尽可能地了解了该社区的住户构成和消费习惯。

本节开头提到的小 C 的餐厅就是个例子。

再来看一个例子。

青岛有一家开在小区里的咖啡馆，面积只有 12 平方米，椅子两只手就数得过来，最便宜的美式 15 元，最贵的是 25 元的猕猴桃汁。

虽说门店月租只有 2000 元，但“可怕”的是，这个小区还装了门禁，店内没有 Wi-Fi，没有厕所，也不卖甜品，想想是不是挺让人担心的？

但这家店每天平均却能有 1000 多元的营业额。在相关成本不高的情况下，这家店的老板可谓是“美滋滋”了。

▲ 开在装了门禁的小区里，这家 12 平方米的咖啡馆，仅靠卖咖啡月入 3 万多元

能做成这样，主要原因就在于这个小区的住户构成。首先，小区内主妇较多，社区人“白天上班晚上回家”的问题不明显，主妇们把这儿当成一个小客厅，相互有的聊；同时，相当一部分住户对咖啡有刚性需求。（详见本书第二章。）

（4）景区型

优势

“玩儿累了吧？需要歇歇吧？总得点些什么吧？”

问题

“别人的景区‘众众众众众众众众众’，自己选的这个‘森森森森森森森森森森’？”

分析

景区型咖啡馆本身在选址上就够特殊——特定的环境、旅游的心理，消费者多种需求叠加而来，只要景区名气够、咖啡馆位置又不偏，基本不用愁生意。

不多说，想开一家这样的咖啡馆主要担心的是租金问题。你有没有足够的实力，进入一个热门的，或者一个更热门的景区？

（5）办公型

优势

“离潜在的刚需近一点、再近一点……”

问题

“哈？‘星爸爸大魔王’又出现了？在一层而且还临街？”

分析

办公型咖啡馆形态比较多。

有实力的坐落在一层，一面还对着街，比如你常见到的“星爸爸”。而写字楼或高新园区内，插件式、自动贩卖机式的微型咖啡馆如今也很常见了。

开办公型咖啡馆，你需要花时间去判断，写字楼里的公司员工消费一杯咖啡是否有压力，又有多大比例的人有喝咖啡的习惯。

值得一提的是，写字楼里还有另一种“楼咖”，它们往往文艺温暖，寄身在中间楼层，出了电梯，要在算不上明亮的楼道中曲曲折折才找得到——看上去，租金相对于商铺要便宜、不临街道足够安静有情调、直面目标客户白领，但实际上，“楼咖”常常对自身店铺吸引力与目标客户的消费频次过于乐观，加之藏身高楼几乎没有自然客流，只得挣扎在生存线上。

当你资金还没有多到足够养得起情怀时，不要轻易尝试。

要在哪儿给谁开一家什么样的咖啡馆？你想好了吗？

6.什么样的咖啡馆，才有可能开到1000家店

目前，北上广深四地的咖啡馆已经达到15 000家左右。在全国大大小小的咖啡馆中，行业龙头星巴克以2000多家的店面数量遥遥领先。

咖啡馆正遍地开花。商务的、休闲的、主题的、高科技的、边喝边吃的、边喝边买的、边喝边玩的……只有想不到，没有找不到。

眼见着，这门想象中的慢生意将成为一片汹涌的红海。如此竞争之下，有着大连锁梦想的咖啡品牌出路何在？下一个“千店冠军”有可能是什么样的？

01 你有你的美好，怪我感受不到

先来做个小调查。也许你有过这样的困惑：

“我家咖啡这么好喝，却抵不过重度烘焙的星巴克？”

“我家沙发能让人陷进去，却不如星巴克难受的高脚凳？”

“我家拉花美得快上天了，晒朋友圈的却不如星巴克外带纸杯多？”

抱歉，答案是：“当然了。”比起星巴克的也许“并不怎么好”，你的好没人知道，没有足够多的人知道，没有足够多的人印象深刻地知道。

在星巴克这座“难以逾越的大山”面前，如果你没有为你的店开创一

个新品类，那么，无论它有多么好，都无法成为大多数人的“心头好”。

千店冠军哪儿那么容易当？

中国有句老话，得人心者得天下。在现代商业的心智时代尤其如此。产品和服务放在了消费者面前，却不见得能赢得青睐。如何能够占据消费者的心智，成了商场上的新竞争。

心智的战场，表面看来是品牌之争，背后争的却是另一个更重要的东西——品类。

02 “星巴克”三个字背后，消费者要的是什么

当消费者说“我想喝一杯星巴克”的时候，他们真的是在选择星巴克吗？他们只是在选择“交通便利、环境不错，可以坐一坐、喝点东西、说说话”的地方。恰巧，这“交通便利、环境不错，可以坐一坐、喝点东西、说说话”的地方，在90%以上人的心智里等同于星巴克。

人脑记忆习惯做“归格”，即将新的东西跟已知的事物进行联系，并做出分类。

当新的东西无类可分时，人们自然将它与开创者画等号，比如，说起“碳酸饮料”人们想到的就是“可口可乐”。

比如，街边新开了一家咖啡馆，当消费者看到“咖啡馆”三个字的时候，首先便会放入“餐饮”的格子，随即还会进一步划分，“西餐—非正式餐饮”。这样的格子便是品类。餐饮是个大品类，而比如精品咖啡馆，或主题咖啡馆，便是这个大品类下步步细分之后小的品类格子。

比如，消费者需要一个“地点便利、消费不太高、环境安静优美、非就餐时间”的用餐地点时，就会在自己“餐饮—西餐—非正式餐饮”的格

子里进行选择，他们通常会选择这个格子里一下子就想起的那家店。

消费者用品类满足自己的需求，而用品牌表达出这种选择，当一个品牌成为品类第一的时候，它也就变成了品类下消费者的优先选择——做新品类第一是打造千店品牌的必经之路。

在商业战场上，最具价值的品牌，大多占据了品类第一的位置。

咖评

下一个品牌会来自哪个品类？

每一个新分化出的品类，当消费者已将第一品牌和品类建立强联系之后，改变消费者心智，便是个教育成本极高的事。

比起在旧品类里与星巴克这样的强势品牌展开争夺消费者心智的肉搏战，更大的机会来自于那些还未曾有强势品牌占据的新品类。

03 超越星巴克的，必定不是另一个星巴克

那么，新品类从何而来？

人脑的神经记忆如同树状，有生命力的树枝从主枝分化而来，同样，有生命力的品类也非凭空而来，只能从更大的品类里分化出来。

在咖啡馆的品类分化之树里，已经可见很多尚未有强势品牌占据的品类，那么，这些品类里哪些将在未来更具生命力，甚至是有机会发展出千店的大品类呢？

核心之一在于，新品类是否符合社会变化的新趋势，其需要的是找到趋势，突围出来。

比如，新一代消费升级里，更健康、更简便、更精致的小范围社交餐饮愈发风靡。符合这一趋势变化的含咖啡的西式轻餐，是否有可能成为一

个大品类呢？

比如，咖啡饮用人群持续上升，越来越多的人在家庭或办公场所饮用现磨咖啡。那么，更适合家庭或办公场所的小咖啡模式，或是能够满足类似需求的挂耳咖啡，是否有可能成为新的流行品类呢？

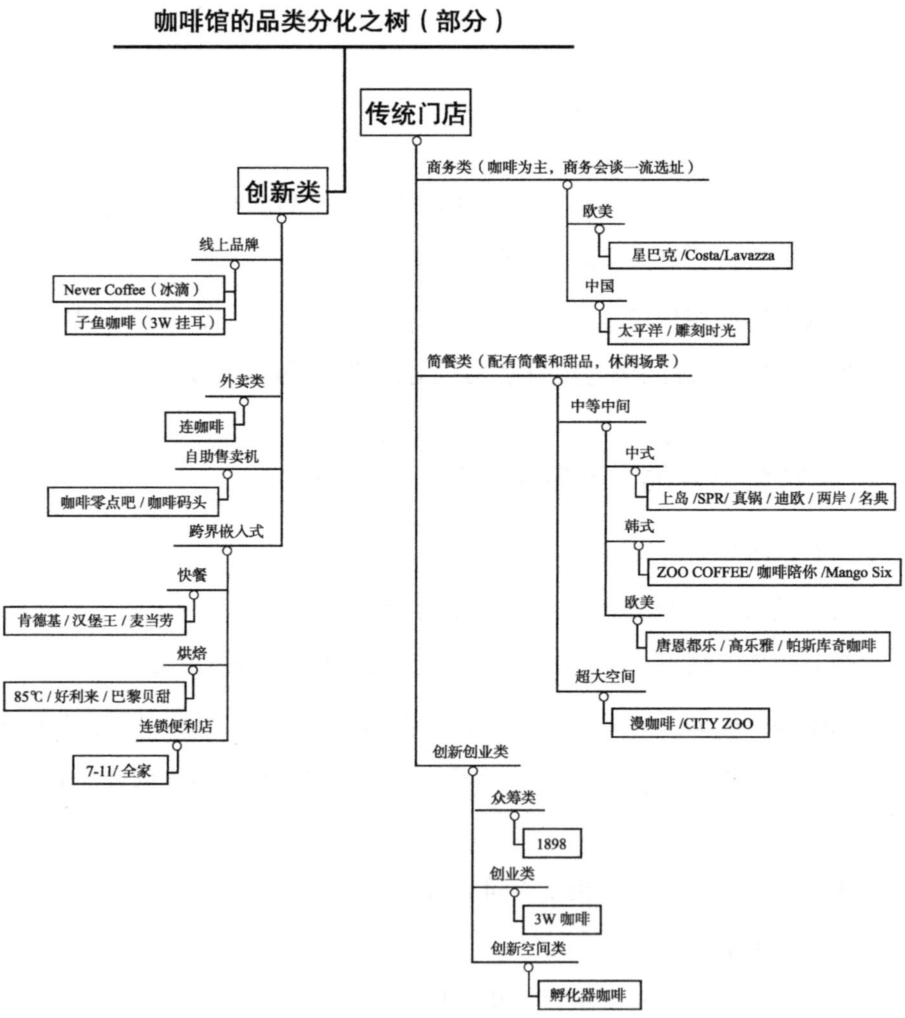

▲ 咖啡馆的品类分化之树（部分）

比如，传统文化的认可回归正发生在年轻消费者身上，是否某种更具中国文化风格的品类将有更强劲的生命力呢？

比如，个性化订制越来越风靡，人们对更好的个性化订制体验要求越来越高，人们越来越关注超越产品用途属性以上的体验属性，那么这类个性化咖啡馆会否有新的机会呢？

前两年有个经典的段子：移动和联通还在短信市场掐架掐得欢时，微信出现了。这样的情形将同样适用于咖啡行业——超越星巴克的，必定不是另一个星巴克。

7. 进购物中心开店前，你要考虑的几个问题

国庆节逛街，在半径 500 米内的 4 个不同的商场，我竟然看见了 4 家星巴克和 3 家太平洋咖啡。购物中心的吸引力有这么大吗？为什么大牌们都想往里冲？

01 消费场景充分

客流大且稳定是购物中心的“基本技能点”，在传统百货业的寒冬期，集购物、餐饮、娱乐于一身的城市购物综合体生意却愈发火爆。

值得注意的是，购物中心里原本购物、餐饮、娱乐“5：2：3”的黄金比例正在向人们“1：1：1”的消费模式趋近，有些购物中心甚至把餐饮比重提升至 40% 以上。

饮品店和餐品相辅相成，根据自身定位，无论你是咖啡馆加餐、奶茶

店外带，还是下午茶休闲，都能在“餐饮、购物、娱乐”中找到相应的（甚至不止一个）消费场景与之匹配。

一方面，“吃一顿、逛一逛、看电影、聊近况”成为消费者到购物中心“套餐式”的休闲方式；另一方面，带着消费预期进入特定场景下，更容易形成刚性需求，客流转化率相对较高。

02 管理配套省心

购物中心一系列相应的配套服务完善，可以让饮品店前期准备工作减少很多。

开家饮品店，需要和工商、消防、卫生、环保等相关部门打交道，而购物中心作为整体项目，已经在前期有了初步的交涉。

还有一点是停车位的足够支持。你别小看这个细节：一家咖啡馆的出品、环境都不错，人气一直很高——直到门口的空地不再让停车。

03 营销能力强大

购物中心往往有强大的营销策划团队，配合节假日、换季，甚至“自立名目”，能创造出一波又一波的消费高峰。如果再搞些配套的主题展览，客流量激增，也会给饮品店本身带来传播机会，并且无须额外成本。

04 品牌溢价提升

“肆伍客”是初创的茶饮品牌，其饮品价位在 7~13 元，可该品牌在选址上一点儿不含糊，直奔当地最有档次的商场之一。

这往往出于对品牌高度的考量——高端购物中心本身的定位，无形中为其中的品牌提供了背书，长远来看，增加了入驻品牌的溢价能力，成为不少品牌树立形象的催化剂。

▲ 品牌高度立即升了不止一个档次

05 把店开在购物中心真有说的那么好吗

(1) 租金贵，小店议价能力差

拿体量相对更大的咖啡馆来说，目前一家区域型购物中心里有四五家咖啡馆已是标配——当然，你常看见的是星巴克、太平洋咖啡、Costa 等连锁品牌。

购物中心对这些品牌通常不收取固定租金，采用流水倒扣的方式赚取抽成，抽成比例在 8%~12%。为了吸引它们进入，购物中心甚至还会给予装修补贴等一些优惠政策。

一家新开的小店也想这样？基本不可能。租金高、物业收费高、装修要求高，这些都直接指向经营成本，即使咬咬牙忍了，所获得的位置也可能是大牌们“挑剩下的”——不在主要动线上、户型不合理、远离电梯口……

（2）店中店，顾客多一次选择

一旦进入了购物中心，这就意味着饮品店和购物中心基本上形成了利益共同体。

咖评

利润需要共进退。

除了个别店铺临街，大部分商铺是“店中店”的形式，即消费者先要选择进入这家购物中心，才有在饮品店消费的可能。这样，消费者会不会进入购物中心就变得至关重要，如果购物中心缺乏人气，对入驻其中的店面的影响可能是毁灭性的。

残酷点说，购物中心“荣”你不一定能“荣”，但购物中心“损”你可是跟着“俱损”的。

（3）品牌多，竞争压力大

购物中心是品牌的集中地，竞争就显得尤为激烈。

如果在同一层，有个和你的饮品店同品类但更具知名度的主力品牌，那么在自家店门口看着人家店的客流怅然若失，可能就是你每天的日常。少了空间的区隔，和不是一个重量级的对手“正面交锋”，你的出路也许只有找差异、谋转型，而这又继续走向了未知。

（4）不自由，经营方式受限

购物中心里的店面，营业时间、空间利用甚至宣传方式往往都要配合购物中心的设计，自由度低了很多。看着街角、社区的小小咖啡馆，早上三明治牛奶套餐，中午便当，晚上摇身一变成了清吧，门口时不时还放几个室外观景位。10：00 开门 22：00 锁门的你，该庆幸自己营业时间规律吗？

06 真的想进购物中心需要注意什么

（1）购物中心综合实力＋自我定位

购物中心的布局规划是什么？主力店类型有哪些？能确定进入的品牌（不局限于餐饮类）是什么？配套设施是否齐全？开发商曾经的购物中心情况如何？

知名开发商的购物中心是会加分的，但与之对应的是，你要对自己的饮品店进行精准定位——你的风格、理念与购物中心是否匹配？

购物中心的客流大，但并不意味着这些都是你的目标客户群。

喜茶创始人聂云宸对选址有这样一个观点：位置应该服务于定位。传统的选址标准是“截取人流”，而对喜茶而言，选址标准意味着“选择人流”，不应该想要每个人都来买，而是选址处的人群刚好是自己想要的。

咖评

不拘泥于定律，找准自己的契合点。

对初创店面来说，一种理想配置是：饮品店在气质上与购物中心相契合，同时该购物中心能对你的品牌有所提升。

（2）地理位置：购物中心之外的潜在客户

购物中心的地理位置怎样？距离公共交通枢纽远近如何？停车场的出入口会不会常堵车？周围写字楼、社区数量及入住率如何？人群的消费能力如何？周围是否有同类购物中心？

一家购物中心，如果周围社区、写字楼密集，那么尽管是工作日、非饭点儿，其餐饮生意依旧会不差——外卖平台的红黄蓝三色骑手上下奔走。

（3）再选址，找对那一层一铺

店铺在餐饮、娱乐品牌聚集的“刚需层”吗？是否位于主要动线上并且很显眼？从电梯口走过来有多远？去卫生间要绕一个大圈吗？

你要以顾客视角判断该层的最主要动线，有时消费者的选择可能会和购物中心的规划相左，选址前应尽可能多人多次地从不同入口模拟到店路径。

所以，情况就是这样。要不要把店开到购物中心里，自己选吧！

8. 接手一家咖啡馆，你需要搞懂这几个问题

在信息不对称的情况下盲目接盘，就可能面临“开业不开张”的问题。

“绝对旺铺！”“挥泪转租！”

“忍痛割爱！”“错过再无！”

正想开一家小咖啡馆，路过店铺时，“转让”的字样映入眼帘。店家滔滔不绝的优点陈述和依依不舍的纠结表情，是不是让你更心动了？

这里“咖门”想提醒你的是，“接盘侠”不好当！千万不要轻易接手一家转让铺，除非弄清楚以下这些问题。这样才知道，转让费到底值不值。

在接店之前，一定要弄清楚这转让费给得值不值，不然为什么好好做着生意，原店主突然统一都“老家有事儿”了？

- 地段真的特稀缺繁华吗？前脚不租后脚就租不到了？

- 之前生意做得特别火爆吗？品牌势能已经形成，接手就能挣钱？
- 租期还特别长吗？能踏实地干个三五年？

要知道，自己创业梦还没开始就被转让费坑的例子多得不忍直视。

比如，一家小馆子，前店家生意惨淡，里外搭进去10万元，想退租又不愿交违约金，讲个故事一包装，喏，“稀缺旺铺”转让费15万元从你这儿一收——你承担了他的试错成本不说，还帮人家解决了半年生活费。

擦亮眼，到底谁是一手房东？

想接手一家铺子，前店家表示“年租金24万元，还有6个月到期，转让费8万元”，这都是他交给上家的钱，可不是他赚你的哟。“给我20万元店就交给你了，租房协议也写得清清楚楚，时间一到你再找房东签新协议就可以了。”听上去很有道理，可一旦这样做了，半年后房东不租了，你找谁哭去？

就算房东愿意续租，假如房租贵了一倍，继续做，成本太高，不继续，转让费打了水漂。更夸张的是，还有接手者店都重新开起来了，房东才知晓，一句“不允许”立马要收回。

接手店铺时，一定要弄清楚对方是房东还是承租者。并且把房东、前店家都约出来三方当面商议。

一方面，根据房东的有效产权证，核对铺面建筑面积、结构等事项，弄清这到底是不是你看上的那个店；另一方面，也要和房东、前店家将与店铺相关事宜清点明确，形成书面的凭据，最好请专业的律师把关。

01 打听好，市政是否有新规划

有些店铺身处黄金地段没错，但选择接手前，要注意弄清该位置近期是否有市政规划的新动向，尤其是临街店面。房屋是否在拆迁范围内？是否面临修路、修地铁等可能马上要被围挡起来的情况？在信息不对称的情况下，盲目“接盘”就可能面临“开业不开张”的问题。

另外，咖啡馆属于餐饮业范畴，一些商住楼的底商可能有“不准兴办产生噪声、油烟、烟尘、异味等污染的饮食服务”之类的规定，你应该提前到房产、消防、公安、环保、街道等部门了解一番。否则一旦接手，就没有回头路了，就算协商后许可改造，因此产生的费用和时间成本，对于新开的小咖啡馆很可能就是致命的。

证件关，千万别“图省事儿”

小 Z 看上了一家转让中的小餐馆，店家急需用钱，愿意以较低的价格转让。店家表示，店里卫生许可证、营业执照等证件齐全，小 Z 愿意的话，证照也可以一同转让。很快，小 Z 便和店家签订了转让协议。结果，该区域工商所的执法人员在巡查中发现，小 Z 属无照经营，对其下发了责令整改通知书，要求小 Z 尽快办理工商营业执照，否则将依法取缔。

咖评

个体工商户的营业执照等证件是不能转让的。个体工商户变更经营者的，应当在办理注销登记后，由新的经营者重新申请办理注册登记。

在接手店面时，一方面需要查验其应有的证件是否齐全，同时需要重新申请的证件一定要重新申请，千万别怕麻烦图省事儿。

查费用，揪出“潜藏”的未付款

第一，前店家水、电、煤气、供热等一系列费用缴纳情况需要了解清楚。未交清的款项要督促前店家将剩余部分缴纳完毕，并留存相关凭证。

不然对一家咖啡馆来说，停了哪一样都要耽误生意。

第二，尽可能查清前店家的缴税、工资、贷款、担保、抵押、应付账款、经济纠纷等情况。

切记别心急开店或因碍于情面而忽视未付款事项，接手前要与前店家将相关债务等问题的责任明确。

第三，团购券、储值卡等已经释放出去的优惠活动谁来消化

特别是当前店家就开的是一家咖啡馆的情况，万一前店家带着转让费“远走高飞”了，充过值的消费者又不知道房东是谁，认准了位置天天找上门来，你的生意还做不做了？

02 问自己，这里真的适合吗

即便以上的事项都没有问题，你还应该问问自己，这个店铺适合开咖啡馆吗？这里有你的目标客群吗？他们的消费能力究竟如何？周围的店铺调性是否趋近？又已有多少实力强劲的竞争对手了呢？

选址的功夫，不能因为店铺本身是个旺铺就省略。

9. 如何为饮品店起名字

在本节，我们来聊聊饮品店“起名”这件事。它虽然小，但是不注意就会特别吃亏。

01 名字决定了饮品店的调性

啡姐必须承认，起名字这事儿自己特别没有发言权。年轻的时候玩网游，每新建一个游戏人物，就宛如一场期末大考——注册五分钟，起名两小时。期间各种遐思神游、翻书检索，直至憋出内伤，那种感觉不知道你们是否也有体会。

面对“唰唰掉”的网费和等得不耐烦的朋友，啡姐依然觉得，这种纠结是值得的。

以内心来讲，一旦赋予人、事一个名字，就意味着你们之间行成了一种羁绊，拥有了感情维系的纽带，如同小王子心中那朵玫瑰花，很直观地彰显了你对待这件事（或人物）有多么认真。

玩个游戏尚且如此，更何况是你寄托着梦想的小咖啡馆呢。

对外界而言，名字的影响力又有多大呢？

啡姐举个例子，不知道大家上学时班里有没有名字特别难念的同学。

他是不是上课被老师提问的概率很小？走个神、睡个觉、看个小说什么的都不用担心？简直自带“免挨批”光环。

同理，名字是外界对你饮品店的第一印象。它直观、快速又与你的审美情趣挂钩，某种角度上说，一个名字，就决定了你饮品店的调性。

你说重不重要？

02 饮品店起名的四个法则

啡姐咨询了一些业内人士和朋友，总结出以下四个“起名法则”。

（1）可读、可记、可传播是前提

这是在啡姐咨询的人中认同度最高的一条。

不仅名字看上去要简约易懂，读起来的发音也应该被重视——这才是“口耳相传”的基础所在。

比如星巴克“Starbucks”的“a”与“u”，用了两个更具有爆发力的读音，读起来利落明快。

8bit 咖啡创始人阚欧礼表示，咖啡馆的名字应该尽量“少字母少音节”，以降低记忆难度，且这样在设计 VI 的时候也更容易提炼素材。

值得注意的是，看似“高大上”的外国文字对咖啡馆影响力的帮助实际不大，而因此受到的传播限制却很突出。因为并不是所有消费者都分得清西班牙语和意大利语。

就算是认知度高的英语，过于晦涩难懂也是一忌。Anni、Betty、Catherine 都还好说，要是给咖啡馆起个名字叫 supercalifragilisticexpialidocious（这个词真实存在……），店家是做好了把宣传费白白往里扔的准备了吗？

当然，如果你的咖啡馆特别有历史渊源和来头，那么请直接略过这一条。

（2）别拿调性不当干粮

曾有文章分析过当今餐饮品牌的命名：向传统致敬的“伏牛堂”“云海肴”；国际范儿的“乐凯撒”；娱乐化的“不怕虎”“蚝门九式”；跳脱一些的“夹克的虾”“叫个鸭子”……百花齐放，都有其受众所在。

但饮品店终究不同，名字的突出导向是要强调“调性”和“意境”的。

接地气的“狗剩”“二饼”显然就不太合适了，不能太接地气还要易于传播，真的好麻烦，但是开饮品店本来就不是一件简单的事。

在给饮品店起名时，还是有一些很好的方法的，比如向文艺作品取经。

雕刻时光的名字就来自于导演安德烈·塔可夫斯基 (Andrej Tarkovsky) 所写电影自传的书名。其大意是说，电影这门艺术是借着胶片记录下时间流逝过程的，时间会在人身上、物质上留下印记，即雕刻时光的意义。这一意义沿用到咖啡馆也十分契合——一个场所让时间、人和情感在此驻留，留下美好的回忆。

重庆的野兽花园咖啡馆则带有更多哲学思考，其名字中的“野兽”与“花园”两个意象不难理解，二元对立却又在一个场所统一，同时包含了生灵回归自然之意，形成了多重解读。

很多独立咖啡馆喜欢用个性、好玩、有趣的名字，这样容易挑拨顾客的神经，《就想开家咖啡馆》的作者李强表示，很多顾客进入咖啡馆，本身就是寻求精神慰藉的，这类名字对店铺的初期经营很有帮助。

（3）让每个顾客都成为“好奇宝宝”

名字是激发消费者好奇心的第一步。

这就又要说到“星爸爸”了，相信你们都知道，Starbucks 的名字来自于《白鲸记》中爱喝咖啡的大副。值得一提的是，星巴克三位元老起名的过程也和我们起名时同样纠结——元老戈登·鲍克（Gordon Bowker）与特里·赫克勒（Terry Heckler）商量重新拟定店名，前者想用“Pequod”（《白鲸记》中的那艘船）；特里觉得这个不符合自己的品位，他希望名字与众不同还能有“美国西北部”的范儿，于是选中了“Starbo”（雷尼尔山附近的一个矿工聚集地）；一番商量后，大家又觉得不能把《白鲸记》就这么丢掉，另一位元老杰拉尔德·鲍德温重新把咖啡店的名字同《白鲸记》拉上关系，这才找到了这位大副的名字“Starbucks”。

星巴克董事会执行主席霍华德·舒尔茨在自己的书中曾表示，星巴克的名字让人想起了海上的冒险故事，也让人回忆起早年咖啡商人遨游四海寻找好咖啡豆的传统，有饮水思源的寓意。

在强调场景体验的今天，消费者给了商家更多机会——他们愿意花更高价钱为有故事的产品买单，希望获得情感上的满足，当然，最好还能获取更具分量的谈资。

用名字吸引消费者来听你的故事，当然你也要有能力把故事“写下去”，并永远告诉他们“未完待续”。

（4）不要刻意模仿

这年头，叫“××时光”的太多了。

不要刻意模仿那些具有相当知名度的品牌“混脸熟”——消费者不傻。否则，即使你的咖啡馆拥有不错的出品，消费者心中“模仿者”的印象也很难被抹去。

话又说回来，开一家以盈利为目的的咖啡馆，名字可能是经营中为数不多能随心的事情了，为什么还要追随别人呢？

03 茶饮店起名字的 8 个“套路”

“×茶”体：比如,“喜茶”“眷茶”，玩快闪模式的“丧茶”“断茶”等，它们最大的特点就是简洁、容易上口。

“成语”体或者叫“谐音”体：比如，长沙当地的新式茶饮品牌“茶颜悦色”“知乎茶也”，这么起名给人的感觉就是“有文化”，借助与耳熟能详的成语谐音，不生僻难懂，还朗朗上口。

“水果”体：比如“快乐柠檬”“阿姨很芒”等，名字凸显了品牌的特色，很有辨识度。

“感受”体：比如“蜜雪冰城”让你听到似乎就能感觉到开心、甜蜜。

“阿姨”体：比如“沪上阿姨”“阿姨很芒”，还有类似的“小茗同学”“鲍师傅糕点”等，媲美“老干妈”的接地气，这是想打“亲情牌”，拉近与消费者的距离。

“产地”体：比如：“宇治抹茶”等，容易给人“正宗、品质好”的印象，但这类名字往往“商标注册”是个大问题。

“内涵”式：比如“煮叶”“因味茶”等，这样的名字需要回味和对品牌的深度了解，因味茶的英文名“inWE”，包含了强烈的品牌理念。

个性化：比如“茶阁里的猫眼石”“奈雪的茶”“本宫的茶”等，既个性又让你觉得很好听。

总体来讲，和以前“××堂”“××铺”相比，如今的新式茶饮在名字上彰显出了更多的个性，起名字的思路也更加新颖大胆，有种要“跳出套路、放飞自我”的趋势。

但同样不可忽视的是，个性之外也要守住底线，不要给人低俗的感觉，而应在新奇的名字之下包含值得琢磨的文化内涵。

▲ 这个英文翻译有点神

10. 五步设计出节省百万宣传费的 Slogan

一个“传唱度”很高的 Slogan 口号，不仅能为品牌打开市场、吸引顾客，还能塑造品牌、为店家创造价值。

但是，想要把需要表达的东西浓缩在一句话甚至几个字里，并不容易。如何才能设计出一句“名动江湖”的 Slogan 呢？

咖评

假如产品是品牌的灵魂，Slogan就是品牌的声音。

设计 Slogan 的几种策略

（1）说产品：最易抢占消费者认知

Slogan 最先是和产品定位联系起来的，传递产品的特色，抢先占领消费者对某一品类的认知。

比如，奈雪的茶的 Slogan 是：“一杯好茶，一口软欧包，在奈雪遇见两种美好。”一句 Slogan 树立了其“茶 + ”产品模式特点的同时，似乎也在告诉消费者“这么做，我是先例”。

用 Slogan “喊”出品牌特色，让消费者形成认知，好的 Slogan，要说产品、讲特色，体现差异化，给市场和消费者留下记忆点。

咖评

用一句话说明品牌的独家卖点或优势，然后逐步删减，减到一个字都减不掉为止。一定要口语化，这样才便于消费者的理解和传播，没人喜欢掉书袋，“90后”的年轻人尤其不喜欢。

（2）有针对性：挠目标客群痒处

曾经那句“爱她，就请她吃哈根达斯”，将哈根达斯的品牌名直接与“爱情”这一营销利器关联，准确地抓住了部分消费者的痒点，为品牌提供了一个精准需求的释放出口。在市面上冰淇淋普遍几元一支的时候，哈根达斯能以数倍的价格长期领跑国内高端软冰市场，这句 Slogan 的功劳恐怕要占很大比重。

要做出“最性感的减脂增肌主食沙拉”的好色派沙拉，把目标客群定位在注重健身的消费者群体，尤其是有减脂增肌需求的健身人群和追求生活品质的白领人群。

其创始人表示，取这个名字是希望人们能联想到性感，去勇敢追求更健康的生活方式。“减脂增肌”直接指出了吃沙拉的好处，也起到了引导消费者立刻做出选择的作用。

咖评

如果产品有别家没有的优势，就直接写进Slogan。用一句干脆利落、口语化的句子，把顾客选择你家产品所能获得的利益表达出来。

或是找到目标客群最关注或最担心的方面，将其融入品牌Slogan，再进行提炼，挠目标客群的痒处，也是让品牌脱颖而出的有效方法。

（3）打感情牌：用情怀圈粉

在一些消费者的认知中，对始终存在对奶茶行业“滥用添加剂、粉末勾兑”等的负面印象，快乐柠檬针对消费者的这些看法给出的宣传语是“用心做好每一杯茶”，传达了自己做茶的态度，提得多了自然也在消费者心中留下了好印象。

另外，快乐柠檬近两年推出的新式茶饮副牌“茶阁里的猫眼石”依旧打的是情怀牌——“配得上你时间的茶”，既有点感人，又能一句话缓解消费者的等待情绪。

再比如，云南很美，但大多数人不能常驻或常去。云味馆在餐厅装饰了很多云南特色元素，还借“世界很大，云南不远”的口号，用一碗云南米线就把消费者“带到云南”，用情怀“圈粉”无数。拿起印着这样一句话的菜单，是不是觉得点菜都隆重了？

咖评

人们在生理需求得到满足之后，会追求情感的契合。把产品当作情感、情怀的媒介，会让消费者与品牌产生共鸣。

（4）说地位：我是品类第一

开创了榴梿比萨这一细分品类的乐凯撒，做大了榴梿比萨的品类，做火了自己的品牌。很快，各类品牌纷纷跟风推出了自家的榴梿比萨，更有甚者直接做了一个名为“×××榴梿比萨”的品牌。“榴梿比萨创造者”强化了乐凯撒的品牌实力和独特性，用一句 Slogan 将榴梿比萨与乐凯撒画上了等号。

一尊皇牛要“打造中国肥牛第一品牌”，阿一鲍鱼说自己是“鲍鱼至尊，顶级中国菜”，大娘水饺说“水饺，中国的；大娘水饺，世界的”……

看着这些 Slogan，有没有看到这些品牌的野心？这样做的好处是：即使革命尚未成功，但它们在消费者心目中已占据这一品类的领导者地位。

> **咖评**
>
> 当你所在的品类还没有“老大”时，不妨把自己预设成老大，用一句口号喊出野心。

（5）传递价值主张：做消费者的精神伴侣

在全国拥有 2000 多家店的蜜雪冰城的 Slogan 是“甜蜜每时每刻”，它不仅将产品味觉特征和品牌名称融入其中，还是一种对年轻人所向往的生活状态的表达，容易引起共鸣。

嫩绿茶的 Slogan 也很有代表性——“Taste the Joy”，其创始人廖韦佳表示，希望顾客在进店之前和之后有心情的变化，在嫩绿茶的体验能让他们觉得更充实快乐。

再来看看必胜客，2016 年其在国内开了 1500 多家店，经典“小红帽”下的那句英文 Slogan “Pizza and More”也更换为了“Love to Share”。

“欢乐因分享而加倍，这就是新口号想要传达的理念。”百胜餐饮集团中国事业部必胜客中国首席执行官高耀介绍。

> **咖评**
>
> Slogan甚至可以根据消费者的需求变化。

必胜客的主要客群是年轻消费者，年轻人热衷于与朋友分享生活中的点滴，而比萨这种食物因其“天生被分享”的特质，正成为年轻人的最爱。

你可能去过 1 万家餐厅，只对 100 家有印象，但印象深刻的，总会是与你的情感、精神发生过联系的那几家。

德克士的“有它就有快乐事”、肯德基的“有了肯德基生活好滋味”、Sir Walter Raleigh 餐厅的“Good food，Good cheer，Good times（好食物、好心情、好时光）”，这些 Slogan 都在表明一个态度：要与顾客产生精神上的沟通与连接，成为消费者的精神伴侣。

咖评

品牌和产品如果和对手大同小异，或在市场上很常见，想让消费者快速了解品类特点和优势，可以换个角度入手——设计一句能引起目标客群内心共鸣的品牌主张，再以口号或话题的形式提升顾客对品牌的忠诚度。

（6）几点提醒

经典 Slogan 一字万金，广告语是品牌之窗，但你在设计 Slogan 时要注意，别绞尽脑汁却误入歧途。

先有品牌战略才有 Slogan

Slogan 不是拍脑袋想出的一句话，而一定是基于品牌战略和产品定位的，切忌顾左右而言他，浪费自我宣传的第一阵地。

简单、易懂、易读、易记

不要与消费者玩高深，如果 Slogan 本身还需要再进行解释，无异于自找麻烦。

咖评

越简单，接受门槛越低，效果越好。

清晰传递价值

要“快、狠、准”地占领消费者心智，如果不能抢占消费者对该品类认知的前两名，在餐饮严重同质化的今天，你会很快败下阵来。

大声“喊”出自己的 Slogan

与餐厅贴到墙上、印到宣传页上的张扬相比，饮品店实在“低调”得多，但是 Slogan 只有“喊”出来才能形成传唱度，才能对品牌起到宣传作用，不是吗？

11. 饮品店装修的四个样板

对强调“第三空间”的咖啡馆来说，门店的设计有多重要自不必说，但如何才能突出自己独有的风格呢？

这里我们搜寻了四个从不同角度考虑咖啡馆设计的案例，那些隐藏在其设计背后的主张和策略也很值得关注。

01 玩转“空间”风格的 Coffee Craft

在 Coffee Craft 将近 400 平方米的建筑空间里，设有四个功能区，分别是吧台区、座位区、会议室区和后勤区。

吧台区和座位区之间设置了八扇定制的大门，虽然重达 200 公斤，但只需一根手指就能推动。

▲ 通过几扇大门做出区隔

然后，这八扇大门和店内的两组隔帘可以通过开启与关闭实现五种分隔方式，以适应不同活动的要求，在有限的空间内起到灵活控制风格的作用。

结构之外，店内很多细节的装饰也包含设计师的心思。比如吧台区的吊顶致敬了 Archigram（建筑电信派）里的重要作品《即时城市》（*Instant City*），造型像是里面的飞艇。这种体现店主和设计师品位及趣味的小心思，也可以快速帮助消费者更好地理解门店。

▲ 吧台吊顶

▲ 作品《即时城市》

如今的国内咖啡馆，虽然已经有越来越多的人关注起了“设计感”，但真正愿意花成本大力打造它的却并不多。

所以从另一个角度来说，这种设计上的投入也会成为让自己的咖啡馆被人们记住的一个捷径。

02 专注于器具“小设计”的京都 Kurasu

不同于 Coffee Craft 对大幅空间的设计，Kurasu 的设计体现在小细节上。

▲ 京都 Kurasu 咖啡馆

Kurasu 最早是一个销售有设计感的产品的电商平台，在辞去银行投资者的身份之后，日本人大槻洋三搬到了澳大利亚，并尝试把从日本精选来的设计类家居产品卖到那里。

运营了两年后，他发现六成以上的销售商品都跟咖啡有关。这似乎意味着咖啡行业的从业者、消费者或爱好者是最在意设计的那个群体。

于是，他回日本开了一家实体店，专注做与咖啡相关的设计类产品，然后在实体店内摆放、使用并销售那些原本只在电商平台上销售的产品。

▲ 可以看到店内摆设的器具

所以，Kurasu 的门店设计也许没有太值得赞叹的地方，只算得上普普通通，但由那些设计类产品组成的店内细节使得它在朴素、简单的基础上，很有设计感。

03 Kanarie Club：藏在工业风里的主题设计

位于荷兰阿姆斯特丹西区的 Kanarie Club 之所以让人印象深刻，原因除了其运用了近几年十分流行的复古工业风格之外，还因为其打造出了“主题”。

Kanarie Club 是一个电车文化主题咖啡馆，店内不但有电车铁轨的凹槽，内置的木椅也旨在还原早期电车座椅的模样。

除了电车主题，在这个 700 多平方米空间最高处的区域，它还隐藏着第二种主题。这里被搭建成了一个“游泳池”，用的是蓝色瓷砖，带水波纹的金属墙面，主打的是夏日泳池派对主题。

▲ 带水波纹的金属墙面

▲ 清凉泳池主题外的工业风

这些都让 Kanarie Club 的风格区分更集中，更容易被记住。整体工业风的设计风格也许容易趋同，嵌入其中的其他设计主题却很容易脱颖而出。

04 Bolt Coffee Company：开在设计博物馆里的咖啡馆

Bolt Coffee Company 的第二家店因为直接开在著名的美国罗德岛艺术学院博物馆内，其设计风格也很努力地和环境融为一体。

“将选址放在有设计感的空间，分享共同的潜在消费者”，这似乎是 Bolt Coffee Company 从第一家门店就确立下来的策略。

Bolt Coffee Company 曾开在设计酒店 The Dean 的内部，作为其公共空间里吧台的一部分。事实上，选择入住 The Dean 的旅客或多或少都是对设计感有所追求的。

面对这样一群懂设计的消费者，Bolt Coffee Company 的设计效能也能在最大范围内获得转化。

▲ 开在博物馆里的咖啡馆

▲ 开在有设计感的酒店内部的咖啡馆

12. 咖啡馆装修有哪些坑

一位与多个咖啡馆主打过交道的业内人士，曾意味深长地告诉啡姐

（而且还说了三遍）："永远不要小看咖啡馆老板的装修情怀。"

一句"古话"说得好：老板心有多大，咖啡馆装修的坑就有多大。

装修这个"千年老妖"，是时候该"降一降"了。

01 180万元说砸就砸，装修坑究竟多大

此前有媒体报道，重庆万州有家1000平方米左右的咖啡馆，老板花了重金装修。结果营业不到两个月，因为越来越多的顾客吐槽其装修风格"毫无特色"，这位自称为汤先生的"90后"投资人狠下心把装修全砸了重新装修，"180万元打水漂了"。

据汤先生出示的装修费用报告单，有详细记载的花销就超过了175万元。

180万元啊，啡姐听着都肉疼。

装修，可能是咖啡馆主们最心甘情愿、前赴后继、鱼贯而入的坑。

虽然在咖啡馆普遍经营惨淡的情况下，很多新盘算着开店的朋友已经悬了一把预算的"达摩克斯之剑"在心里。

但当实际操作时，往往又是另外一种情况：

"哎呀你看，这种仿古砖每块儿也就贵1元钱。"

"琉璃杯子质感看起来就是和玻璃的不一样呢！"

"直腿的椅子满大街都是，这种带点弧度的多艺术啊！"

"当然要吊顶，不麻烦，就弄个简欧的。踢脚线？配套！不差这点儿！"

毕竟是自己的小馆子，什么都想要更好一点。结果一笔账算下来，比预算高出40%再正常不过，按一家150平方米的咖啡馆要花20万元左右的装修费用来说，那么8万元的额外支出已经"搭进去了"。

8万元啊，正常情况下撑4个月房租不过分吧？

另一种更惨的情况是，你确实装出了自己的梦想，顾客撂一句“不好看”，怎么办？你也要砸掉吗？

02 装修“三位一体论”

老板、设计师、咖啡师一个都不能少。

可怕的是，不少咖啡馆老板并未意识到，装修不只是“风格”问题，它将伴随着整个咖啡馆的经营。

想让空间变成“招人又磨人的小妖精”，绝不是想象中选几个主题、傍几个 IP 就能完成的。

举个例子，作为重要的咖啡生产单元，吧台是一家咖啡馆的核心功能区。然而，它又常常在装修时被忽视。很多老板在图纸上“画个框框”意思一下，转身就去琢磨顶灯风格是选波西米亚还是巴洛克了。

北京 Uplan 空间的创始人林本森告诉啡姐，Uplan 团队就接过一个鲜活案例：一家地产自营咖啡馆的整体改造。

这个项目原本有设计师进行规划，却在咖啡师到位马上要开业的时候发现：吧台没法儿用。

操作通道过窄、咖啡机位置不合理、台面空间浪费过多等咖啡馆运营“幼儿园级别”的问题一一浮现。

打造吧台的正确步骤是什么？林本森表示：

“老板想清楚三个问题——卖什么、花多少钱、买什么级别的设备；空间设计师两步走——初步设备排序、动线规划；咖啡师一项项流程检验。根据咖啡师的操作习惯进行细节调整：大到咖啡机，小到压粉章，一定要根据店铺运营方案来进行设计规划，考虑到每一个细节。”

细心的朋友已经注意到了，这个案例还显现出了另一个问题：作为一个地产项目，在空间上想必不会瞎糊弄，也请了设计师来规划，为什么仍会出现这样的情况呢？

一句话，因为它是一家咖啡馆呀——空间作用被放大，风格要与产品调性相得益彰，功能需求、结构逻辑、视觉体验缺一不可，普通装饰公司往往不具备同时达到这些要求的能力。

不知你们会不会有这样的感觉，一家看似“简装”的小店，却总让你觉得阳光刚好、舒服惬意，来了还想来；而有些华丽的馆子，却可能令你坐如针毡，满脑子都是“土豪气息”。

看看星巴克，每盏灯之间的距离、高脚椅与沙发的配比，貌似不经意的隔断，这才是空间设计的精髓。

装修这件事，老板、设计师、咖啡师一个都不能少，并且要摆正几种角色的关系——作为老板，你当然有输出情怀的权利，但别忘了在这个空间里，咖啡师和顾客才是会在店里产生交互的主角。

情怀你可以说了算，生意可是顾客说了算的。

03 “装修一条龙”真的省事儿吗

曾几何时，设计装修一条龙成了主流，人们似乎觉得，这样既节约沟通成本，又节约时间，太省事儿了。

在咖啡馆装修这件事上，林本森觉得“一条龙”有待商榷。在市场不够规范的情况下，将设计与施工分离或许是更好的选择。

除了前述原因，单是装修的种种乱象，就够咖啡馆老板受的了。

比如，打着一手免费设计牌，效果图百度就搜得到，而“卖家秀”和

“买家秀”差距太大。

比如，为了增加工程款过分强调装修风格，可装可不装的一起上，装饰品买了一堆，结果 200 平方米的店铺面积，120 平方米都无法坐人。

比如，装修看着挺不错，就是有点眼熟，仔细一想，隔壁那条街上的王二咖啡馆不是也长这样吧？

“钱砸出去了，效果能好吗？”面对咖啡馆老板普遍的担心，林本森的做法是：带领着 Uplan 团队，直接在北京开了家咖啡馆——就为了给客户打造一个样本，不仅是设计上的，还是咖啡馆持续经营上的。

“我们就是要专业而负责任地做设计。”林本森表示。

13. 咖啡馆装修如何找对调性

对咖啡馆来说，“调性”这个词真是神秘，让人说不出来是个啥，却总被吸引着去想。

所谓“草色遥看近却无”，真正坐在咖啡馆里才发现，店内也许细节不多，亮点也难寻，但就是让人感觉很温暖，拍出来的照片很文艺。为什么？

这都是靠灯光搞出来的“迷魂术”！别小看灯光，灯光用对了，效果事半功倍；用错了，多贵的装修也能瞬间变得廉价。

让我们来看看几个巧用灯光的原则。

01 调动顾客情绪，先把色温选对

先从选光的总原则说起，咖啡馆通常会选择色温在 2700K~3500K 的灯光，这样会显得比较温馨舒适。

由于灯光色温不同，带给消费者的主观感受也截然不同。常规意义上来讲，暖色光（色温在 3000K 以下）与白炽灯光色相近，红光成分较多，能给人一种温暖、健康、舒适的感觉，主要用于酒店、西餐厅、咖啡馆等让人休息放松的休闲场所；中间色（色温在 3000K~5000K）光线柔和，给人一种愉快、舒适、安详的感觉，主要用于快餐店；冷色光（色温在 5000K 以上）光源接近自然光，有明亮的感觉，让人能够精神集中，颜色很干净，通常餐厅不会选择这种灯光，冷色光主要用于办公室、医院、工作室等需要集中精神作业的场所。

提醒一句，用什么样的光还是要先考虑和咖啡馆自身的定位相结合。

02 消费客群不同，选光也要不一样

设计师沈嘉伟表示："设计灯光时更要考虑餐厅的目标消费群体。"

比如，客单价 70 元左右的日料餐厅，只要做到通透干净就好了，而客单价达到 500 元甚至更高的日料餐厅，则需要对光体进行隐藏，避免眩光出现。

同时店内还要根据器皿的反光程度，综合考量灯光设计。来看几个例子。

中餐厅：通常暖色系居多。

日料餐厅：要比一般餐厅稍暗。

咖评

看日剧就可以发现，日料餐厅的灯光偏暗，要重私密性。

因为日料餐厅的就餐消费者通常属于中产以上人士，这类顾客对于私密交流空间特别重视。除了门头、吧台、餐桌之外，这类餐厅的其他区域

都营造出了更为“安静”的感觉。

风情料理餐厅： 这类餐厅更多是在场景上营造餐厅的特色风格，而灯光设计通常与餐厅的特色风格相应配搭，同时在不同的餐区，设置灯光搭配。比如，在竹编装饰区，餐桌更多使用花朵型吊灯；在植被靠窗区，则用落地式台灯，营造出东南亚傍晚的餐厅场景等。

咖啡馆： 多使用筒灯，这种灯可以嵌入天花板，其外观简洁，隐蔽性强。筒灯可以营造出合理的阴影区和明亮区，而且，更可以避免灯光直射在人的脸上。

咖评

星巴克使用画廊类灯光，聚焦突出软装。

星巴克主要以墨绿色、咖啡色、原木色、黑色为主，内敛、明暗适度的光线更能够凸显室内的高端商务范，营造一种温馨放松的洽谈环境。

03 门头、餐区、橱窗，用的光可不一样

（1）门头灯打光要突出

店铺一般会设计有突出效果的灯箱，像 7-11 明亮的白炽灯；或者为门头设置外打光灯，可开关、调节性比较强，增强了门头的展示效果；也可设置多条光带，突出门头对消费者的吸引力。

咖评

甚至有人说，24 小时营业的 7-11，晚上门头的白炽灯光让人感觉很温暖。

（2）餐区突出桌面，弱化周边

餐区一般要设有单独的桌面光，减弱周边环境的光线。

这样打光，可以突出桌面上的菜品，让其色泽更显诱人，更能引起消费者的食欲。很多餐厅通常会在餐区使用吊灯，而吊灯与餐桌距离一般为70～85cm，这样可以更好地聚拢光源，不至于影响店内的整体灯光环境。

除此之外，餐区的灯光还需要考虑控制用餐时间，如果用餐时间可稍长，灯光可以暗一些；如果是快餐，应该使用相对明亮的灯光。

（3）橱窗区突出展示产品，吸引消费者注意

现在很多餐厅也有了橱窗展示区，这一区域一般都用于展示菜品、品牌，以吸引消费者的注意。因此，橱窗区的用光要注意让消费者的视线避开强光，转向仅被光照亮的产品即可。

▲ 橱窗区灯光加亮，使产品看起来更诱人

星巴克就将暖黄色灯光直接打在冷柜里的各种甜点、食物上，勾出了

顾客的馋虫。

餐厅橱窗的用灯一般参照服饰橱窗的用灯效果，多用 T5 灯管（起衬托背景作用)、金卤射灯、卤素灯（起聚光照射作用）和小口径射灯（起聚焦重点作用)。

（4）装饰光源，用好隐藏，化腐朽为神奇

餐厅的装饰光源实际上很考“巧劲儿”，它的主要作用是让环境更有氛围，更具质感。

由于选址、区位等原因，很多餐厅都避免不了店内柱子、墙体的存在，其实这些地方都可以嵌入光源。这样一来，既可以丰富装饰光的表达形式，还可以把一些看似多余的物体，改造成别致的装饰。

Chapter 2

第二章

商业模式——饮品店的 14 个赚钱模式

1. IP+ 咖啡馆如何运营

"快闪店"（Pop-up shop）模式，是指短期经营的时尚潮店，突然开店，又旋即关店，俗称"品牌游击店"，被当作创意营销模式结合零售店面的新业态。

这世界有多疯狂？一只熊，一只兔子，还有一个……呃……馒头人？大批消费者心甘情愿忍受排队、限流、提前闭店，只为体验一把"血槽秒空"的感觉。

你也许会说，不就是主题店吗？不就是 IP 营销吗？不就是"卖萌"吗？我也会啊。可为什么人家的店从开业到现在仍旧昼夜排队、日日爆满？你的店也会吗？

01 人气太高，开店三天就关门

2015 年 7 月 31 日，星期五，上海。一切看来没有什么特别。除了 SOHO 复兴广场 B101 门外等候的人群和排到一眼望不到头的队伍。

▲ 当天的场面是这样的

▲ 以及这样的

Iphone7 提前发布了？周杰伦携爱妻来签售了？ ChinaJoy 换地儿办了？

NO，NO，NO！是“LINE FRIENDS CAFE&STORE”开业了。

夸张的是，由于承载能力有限，以及消费者不辞艰辛、不惧酷暑的厚爱，让这家店在 8 月 2 日挂出了暂停营业的告示。

▲ 不得不暂停营业

啡姐虽然错过了当时的盛况，但之后趁出差上海，没忍住去探了探店，果不其然被“萌得一脸血”。

虽然目前已不需要排队 3 小时，但作为一家咖啡馆，工作日晚 21 点座位仍然爆满这件事，啡姐觉得已经可以消化一阵了。

大多数中小咖啡馆活得步履维艰，人家却因为太火爆而暂停营业，还讲不讲道理了？！

02 IP 太强，咖啡＋周边产品复合经营

LINE 是由韩国互联网集团 NHN 的日本子公司 NHN Japan 推出的一款通信 App，布朗熊和可妮兔是其表情贴图中的卡通形象。

说白了，LINE FRIENDS CAFE&STORE 是一个主题咖啡馆。

人气爆棚的形象无疑是强大的 IP，当作引流利器简直太好用了，但其经营火爆仅仅因此吗？

（1）混脸熟，跨界合作奠定基础

2013 年，《来自星星的你》这部现象级韩剧带来的不只是炸鸡和啤酒，作为独家广告植入商，LINE 也将人气赚得盆满钵满。

剧中，女主角千颂伊在 LINE 上的联系人只有三个，都经纪人、LINE 官方、LINE 中国。看看，人家在广告投放时便已锁定了中国市场。尽管后来这款即时通信软件在大陆使用不畅，但并不妨碍布朗熊和可妮兔在追求时尚的年轻人中的流行。

2014 年 LINE 与优衣库合作，连续发布 LINE FRIENDS UT 系列，也是优衣库的主推产品。

随着优衣库在二三线城市门店数量的迅猛扩张，这个系列 79 元、超萌

还能搭配情侣装的 T 恤，让布朗熊和可妮兔拥有了更大的群众基础。

（2）快闪店探路，营造“恐慌心理”

LINE FRIENDS CAFE&STORE 正式登陆上海前，曾先后在上海 K11、北京银泰中心和成都太古里以快闪店的形式试水。

这种方式能够很有效地在短期内引爆一个话题——尤其对擅长“卖萌”的 LINE 来说，更易从视觉设计入手给大众留下深刻的第一印象，营造惊喜感。

昙花一现的模式，又给消费者制造出了一种“恐慌”氛围，通过时间限定来营造独享而特别的购物体验，消费者很容易因为一次错过而备感遗憾和更加期待。

所以，其正式店的落地，也就汇成了一个集中爆发口。

（3）复合式经营，人家还有“store”呢

别忘了，这家咖啡馆还有将近一半面积是周边产品售卖区。

也就是说，不仅是盈利模块的增加，比起单纯的餐饮业态，周边产品成了更多客群到店的原因，与餐食形成了有效互动。

只要消费者到店，就很容易形成二次、三次口碑推广。

巧合的是，韩寒要开的“ONE STORE&CAFé”也在这一片区域，从名字看，也准备打复合式经营牌。

03 同样是 IP，这家为何如此“魔性”

在啡姐的朋友圈小调查中，“为了那个小熊熊和小兔兔公仔”而想去的不在少数。

国内大大小小的卡通主题咖啡馆不少，生存情况却并不乐观。

“明明这个形象很讨喜又大热，为什么来的人不多？”

用一位业内人士告诉啡姐的话来回答：“太自我。”

IP 的“魔性”在哪里？对一个作品而言，世界观、题材、特定要素等都会吸引消费者。但最终消费者的注意力一定会集中到人设上来。

咖评

卡通形象作为IP的核心价值是充满代入感和共鸣的。

LINE 正是做到了这一点。

布朗熊：踏实稳重，懂得疼人，呆萌，心思少，如同很多女生对自己男朋友的审美期待。

可妮兔：俏皮可爱，古灵精怪，能活泼，能妩媚，简直是女生自己向往的理想定位。

啡姐认为，这样一来，即使消费者之前根本不知道 LINE 是什么，也会被形象的设定所俘获，让形象在更广泛的消费群体中产生代入感和共鸣——这才是以卡通形象作为 IP 的核心价值所在。

也就是说，如果你想用 IP 引流，就应将更多的精力放在重点形象的打磨或选择上，赋予它足够吸引人的个性和灵魂是必要的步骤，这样在其推广和落地变现时才会事半功倍。这可绝不是凭感觉挑个萌物就够了。

2.“二次元”咖啡馆的机会与挑战

顾客有消费能力，不代表愿意为你买单，尤其是当你自以为触到了他们的痒点时。

“我是要成为航海王的男人！”

“真相只有一个。”

“最初的声音，无限的未来……”

热血、怀旧、治愈……被“二次元”影响的你，又动了开动漫咖啡馆的心了？

01 当“二次元”偶像成为商业宠儿之时

你动心了吗？

2017 年 2 月 8 日，小米发布了自己的开年第一机。引起广泛关注的，是其选择新晋代言人的不拘一格——初音未来，一位坐标“二次元”的双马尾萌妹子。

如果你不熟悉这个名字，至少应该对那首《甩葱歌》有印象。

这个虚拟的女孩形象被其粉丝称为“公主殿下”，有一头淡绿与湖蓝混色、灵动又柔和的双马尾。

在 2015—2016 年，初音未来的 3D 全息投影演唱会于上海接连举办，一票难求。对粉丝来说，她不只是人气偶像，她还用歌声向粉丝传达了对生活的热爱和美好期望。

小米对“初音未来限量版”进行了独特的设计，外包装上有初音未来的 Q 版形象，手机背面刻着初音未来的标识、限量编号，同时还配备限量版移动电源、初音未来手机保护壳。

当然，最明显的是“初音绿”的专属配色。

发售渠道也很值得思量，全网独家预售放在了 ACG 氛围浓厚的弹幕视频网站 B 站（哔哩哔哩）。预约资格、F 码……B 站的预售几乎在开放购买后的数秒内抢购一空。而这个话题的热度更是持续发酵，掀起了一阵关于二次元文化和品牌营销的讨论。

估计受这事儿的影响，身边一位朋友问啡姐："欸，你说，开一家二次元咖啡馆怎么样？"

他分析得头头是道："'二次元'文化有越来越多人喜欢，这是背景吧；如今喜好动漫的人也不只是小孩子了，有消费能力吧；这些年也有不少现实案例，能找到经验吧。感觉靠谱啊？"

且慢。

02 难以规模化，算是一个成功案例吗

在上海的小 J 经营着一家"二次元"属性的女仆咖啡馆。

不仅有萌萌的女仆服务生，每月还设计不同的动漫或游戏主题。比如全职高手、魔卡少女樱，当然，也有初音未来。

相比一些在墙壁上挂几张海报就自称为"×× 主题咖啡馆"的店，小 J 的这家店属于高段位。每次主题的更换几乎是一次店面软装的大改，产品也会根据不同的主题进行更替。

门店还会不定期举办一些活动，比如浴衣季、双马尾日、眼镜日等主题日。

经营了 9 年时间，小 J 这家店经过一次搬迁，积累了一部分核心客户，并在 2015 年开始向品牌发展，投资数百万元开设了西餐厅。

咖啡馆开到第九个年头，又从单店发展到品牌，从经营角度讲，算得上成功。但小 J 表示："坚持下来很难。"

“在餐饮这个领域，如果不能复制的话，就不能在商业上规模化，就不算是一个成功的案例。”

对小 J 而言，这门生意早已度过了初生的市场培育期，但问题仍然不少：

比如，商业变现方式和“二次元”文化的平衡；

比如，涉及的运作系统繁多，缺乏必要的管理人才；

比如，单店运维投入成本很高，可复制性差。

“我觉得虽然‘二次元’文化现在炒得很热，但大多数人其实还没有接触这种文化。”小 J 在一次采访中说，“而纯粹从商业运作角度来说的话，投入了，就是要追求商业回报。”

03 “二次元”与现实咖啡馆的“次元壁”有多难打破

小 J 对于“二次元”文化有很深的理解和极高的热情，在咖啡馆商业化上也很拎得清。

正因为如此，才使他的“二次元”咖啡馆坚持了下来。然而，很多希望开“二次元”咖啡馆的人，却和啡姐那位朋友想的差不多。

想法：“二次元”文化的喜好人群越来越大。

现实：仍处于小众阶段。

随着新一代消费群体的成长，熟知并喜爱“二次元”的人会越来越多，这话或许没错。但目前，“二次元”文化仍处于小众阶段。一旦你选择一个动漫 / 游戏来做，就意味着主动屏蔽掉了一些随机顾客。小众的咖啡 + 小众的“二次元”，想想吧……当然你可能真的不差钱。

想法：喜欢“二次元”的不止小孩子，有消费能力。

现实：捆绑“二次元”做品牌，是把双刃剑。

有消费能力，不代表愿意为你买单，尤其是当你自以为触到了他们的痒点时。

大众往往将“二次元”人群等同于动漫爱好者，实际上，不真正融入“二次元”文化是不易理解他们的。“在这里，没有人会嘲笑弱者不甘的眼泪，梦想不会因为生命消逝而终结；在这里，我们奋斗冒险、欢笑流泪，这里有我们对世界的理解，这是我们共同的信仰。”

小米够懂营销吧？然而这次与初音未来的合作，实际让一些粉丝并不满意。比如在B站的留言区，就有人表示这种做法“过分了”；还有人指出，该手机背面印刻着中文“初音未来”四字，而正确的写法应该是“初音 MIKU”。

▲ 能想象到这样的提示出现的语境吗

开一家“二次元”咖啡馆，如果你不是真正的“二次元人群”，很容易陷入一种困境：你以为你以为的就是你以为的，但实际早已在目标群体心中得了负分。

> **想法：**可参考的案例那么多……
>
> **现实：**它们在哪里呀？它们都还好吗？

也许你曾经在某个主题咖啡馆，被伴随你长大的某部动漫撩动过情怀。后来呢？

对消费者来说，即使是同一主题，如果做不到常变常新，可持续性也无从谈起。

不是情怀没了，是对你小馆子的热情消耗尽了。

你喜欢《航海王》，能让消费者每天在店里上演“通缉与寻宝”吗？

你喜欢《名侦探柯南》，能在咖啡馆角色扮演“侦探破案”小剧本还不重样吗？

哦，看上去有个特例，比如那个被戏称为“圈钱天团”的LINE FRIENDS。

咖评

LINE FRIENDS毕竟是个例。

别忘了，其形象来自于“传播基因”优秀的表情包，加上合作品牌多，接受门槛低，本身带有极强的商业属性。

> **想法：**借力“二次元”，更省心。
>
> **现实：**“二次元”咖啡馆，是另一种打法。

开一家“二次元”咖啡馆，要关心的事情太多了：

产品成本不再只有咖啡豆、牛奶和糖浆，还有海报、展架和手办；

口味标准化已经很不容易，还要讲究造型是否与主题相关联；

提供场地办沙龙远远不够，频繁策划主题活动做圈子才有持续的可能。

……

“无畏的骑士啊，你准备好了吗？”

3. “8元咖啡”搅动繁华商圈，靠“白菜价”能突围市场吗

眼见旁边的奶茶店顾客络绎不绝，为什么我的咖啡馆门可罗雀？开咖啡馆的都知道，卖咖啡的死穴之一便是喝的人少，消费频次低。

然而，近几年在繁华商圈，一阵“白菜价咖啡”风潮正在兴起。

“10元现磨好咖啡”“8元精品一杯”这些平价咖啡不但出现在跨界的KFC、CoCo都可等的菜单中，也出现在一些独立咖啡馆的小黑板上，成为它们的主打产品。

价格降到这么低，到底应该怎么玩？

01 繁华商圈，“白菜价”咖啡走俏

郑州一家“元老”级别的独立咖啡馆阿布阿布，在关掉写字楼的“楼咖”店面三个多月后，把新店开在了一家购物中心，以“10元现磨好咖啡”作为其主推产品。

“我想让更多人喝到一杯好咖啡，10元咖啡是最容易实现的途径。”老板小武表示，“不是每个人都愿意花三四十元喝一杯咖啡。价格低，对消费者来说试错成本就低。即使不喜欢喝咖啡，也能尝试一次嘛。”

上海的老陈，也正在酝酿一个低价咖啡品牌。从意大利到上海，老陈混迹饮品行业十余年。不久前他从一家知名企业离职，开始筹备自己的咖啡馆。

“80分的咖啡豆子，做出80分的咖啡，只卖8块钱。”老陈说。

不知道从什么时候开始，不仅是肯德基、7-11便利店、烘焙坊等跨界

者，一些像阿布阿布一样的独立咖啡馆，也开始售卖平价咖啡，它甚至成为菜单上的“主打产品”。

想到以这种方式卖咖啡，跟咖啡市场近些年消费频次的低迷有关。相对于大众消费水平，咖啡较高的价格，让咖啡一直浮于产品本身之上。

从市场来说，更广阔的大众咖啡市场，显然是一个对价格敏感的市场。

百花齐放又普遍火爆的奶茶店就是现成的案例。10 元显然更接近普通消费者对一杯饮品的心理价位，“白菜价”咖啡客观上降低了其尝试的门槛。

北京咖啡行业协会首任会长季明对此表示，定价较低的咖啡有益于培养国内市场。

02 利润从哪儿来

与街边小巷的独立咖啡馆不同，8 元、10 元的“白菜价”咖啡，频频出现在城市的繁华商圈中。

“因为价格便宜，所以能不能盈利关键就在于走量了。”阿布阿布的小武告诉“咖门”。10 元咖啡与 30 元的成本结构差不多，也因此需要更大的出杯量来均摊运营成本。

为了更大的流量，寸土寸金的繁华商圈是白菜价咖啡最优先的选址方案。客流量问题解决了，但是利润呢？

一位业内人士帮啡姐算了一笔账。

按从工厂拿咖啡豆 50 元 / 磅（454g）计算——这个价格已经可以拿到不错的咖啡豆，180g 咖啡粉可做出 2000ml 产品，360ml(12 盎司) 一杯。

如果单算原材料成本，一杯的成本为 3.6 元，卖 10 块钱毛利 64%。卖 15 元一杯赚 11.4 元，是原材料成本的 3 倍。

听起来很美好，然而如果按照传统独立咖啡馆的运营方式，一旦加上人力、营销、运营、房租，利润就几乎被侵蚀殆尽。

别的不说，光房租这一项，就已经够咖啡馆主们长吁短叹了。

高租金才能带来高流量，再用高流量去填补高租金，这不得不说是平价咖啡的一个尴尬境况。

降低空间体验，似乎成为低价咖啡的唯一出路。

从“楼咖”搬到了商场，顾客消费的空间从 100 多平方米缩小到 30 平方米。7 月，新开业的阿布阿布一共卖出了 688 杯咖啡。“周末好的时候，一天能卖 60 杯”。

尽管出售的杯量翻了几倍，但小武表示：“由于价格低，每天要卖到 50 杯以后，才开始盈利。”

老陈的想法则是像 CoCo 都可一样做档口店，降低租金成本，甚至是更厉害的——“1 平方米的店，1 台咖啡机，1 个人，1 分钟 1 杯咖啡。”

选址客流量大的繁华商圈，最大限度地降低租金等营运成本，依靠物美价廉的咖啡产品，降低消费门槛、提高消费量，是老陈和小武考虑的核心问题。

03 低价之前，计算成本是关键

对咖啡来说，你相信“一分价钱一分货”，还是相信“既物美、又价廉”？

其实对很多行业来说，物美价廉的问题并不难解决。我们把目光投向正在走向品牌化、规模化的餐饮企业，价格亲民又叫好叫座的例子并不鲜见。

比如红遍大江南北的外婆家，价格不高、口味上乘，加之时尚的用餐环境，对消费者来说具有极高的性价比，排队排得理直气壮，对老板而言则是赚得盆满钵满。

物美价廉的背后，其核心竞争力在于优化过的成本结构——集中采购带来的低供应链成本，以及配送中心带来的后厨标准化成本优势。

用快餐的手法经营正餐，后端“高速公路”已经打通，价格优势方能显现，就如同服装行业的 ZARA 和优衣库。

在咖啡领域，尽管有原材料运输距离、相关标准不完善等不利因素，使产业链显得有些鱼龙混杂。但幸运的是，至少从上游供应需要整合的类目来看，咖啡馆相对于餐厅并不过于复杂。

比之传统的咖啡馆生意，平价咖啡更需要思考与掌握的，首先是运营成本上的秘诀。如何优化上游的供应成本？开几家店成本最低而利润最高？怎么实现产品的标准化？如何优化库存？店面配几个员工利润最优？……

如果不计算好成本结构，只是盲目跟风一味降价，有流量却没利润，最终不过是饮鸩止渴罢了！

4. 包月咖啡馆

我们都听说过包月的健身房，但你听说过包月的咖啡馆吗？美国有一家咖啡馆 Fair Folks & a Goat 正是这样一家包月咖啡馆，人们一旦成为它的会员，就可以免费畅饮各种饮料。

包月费用？只要 25 美元。

它到底是怎么做的？

01 一家25美元包月的咖啡馆

2012 年秋天，Fair Folks & a Goat 咖啡馆在美国纽约格林尼治村休斯敦街的一个地下室里开业。

这是一家会员制咖啡馆，每月只需 25 美元，你就能喝到不限量的美式咖啡、意式浓缩咖啡、拿铁、茶和柠檬水。

凭借这样的包月模式，咖啡馆很快吸引了许多会员——苹果公司的职员、纽约大学的学生和教授、创业公司的程序员、流行音乐人、急诊科医生、翻译中文的学者……各行各业的人们都愿意来这儿喝杯咖啡聊聊天。

26 岁的瑞安·伊冈是一位音乐人，他解释了这里吸引人的地方。

“这儿不急，”他说，“它没有那种出出进进的纽约式的忙乱。我上下班的路上会留出 10 分钟的时间来这儿，在这 10 分钟时间里，我会遇到和发现一些特别的东西、认识一些新的人，Fair Folks 能给我每天的惊喜。”

和瑞安有同感的还有 20 岁的纽约大学大一学生尤金·汤普森，他说：

“这里给人的感觉更像是一个经常会来的地方，而不只是个咖啡馆。”

Fair Folks & a Goat 咖啡馆会经常举办各种活动，从酒会、音乐会到电影之夜，会员们在这里结识各种新朋友，享受美好的活动时光。每次活动总能吸引不少人成为会员，据咖啡馆透露，其每个月的会员人数在 1000 人左右。

02 不但卖咖啡，还是精品店

25 美元一个月，就可以不限量畅饮，怎么看都是要赔钱的，它真的不会倒闭吗？

这家咖啡馆当然有自己的秘诀——在提供包月饮品的同时，也销售艺术品、衣服、家居设计作品，还卖啤酒和红酒。

比如 29 美元的手工哥伦比亚串珠项链、368 美元的覆胶棉质雨衣、45 美元的带有反光丝线的针织无檐小便帽，以及 68 美元的旧金山产的带框多彩水彩等。

光靠一人 25 美元的包月费是不赚钱的，但加上各种精美的服装和艺术品的销售，就有盈利的可能了。

也就是说，这家咖啡馆其实是一家“打着咖啡店名号的商店”，凭借每月 25 美元包月畅饮和各种活动，吸引人们频繁光顾。

人们在这里待的时间越长，就越可能购买店里的其他一些东西。咖啡馆会根据对会员们品位和需求的了解，不断调整商品，不断吸引会员们慷慨解囊。

咖评

心理博弈：赌的就是你不会天天来！

以 25 美元的价格包月提供咖啡饮品，咖啡馆在这上面就一定要亏不少钱吧？

其实不一定。

首先，每杯饮品的原料成本其实不高，在前一节中我们介绍过在繁华商圈运营的 8 元、10 元的白菜价咖啡，之所以如此便宜，是因为单算原料成本，一杯咖啡的成本大概是 3.6 元，这些低价咖啡销售到一定数量就可以盈利。

如果按一杯咖啡 3.6 元来算，每个月 25 美元差不多是 166 元人民币，从原材料成本上说，每位会员一个月大概要喝 46 杯咖啡，咖啡店在饮品上才会赔钱。而柠檬水之类饮品的成本可能还要低。

这种包月模式背后隐藏着一种有意思的心理博弈，就是“赌”会员做不到每天都来。就像我们买了健身房的会员卡一样，一年的费用平均到每天也没多少钱，但实际上绝大多数人是做不到每天都去的。这家包月咖啡馆也是这样，许多会员因为加班、出差、约会等各种原因，不可能每天都来。

我们可以假设，整体而言，会员们每月 25 美元的月费是能解决他们消费的饮品成本的。

许多人会说，对饮品成本来说也许是这样，但咖啡店还有房租、人工、水电等成本啊。但别忘了，咖啡店也销售各种服装和工艺品。

如果会员们的会费可以解决他们的饮品成本，抛开饮品这块不说，就相当于一家服装工艺品店，每个月都有 1000 多名忠诚度非常高的会员，没事就来店逛逛。

Fair Folks & a Goat 咖啡馆对消费者心理的揣摩，还体现在一个小细节上，它除了卖服装、艺术品等，还卖啤酒和红酒。

按理说，这是很荒唐的，因为明明店里就有包月不限量畅饮的咖啡、茶、柠檬水，怎么会有人再花钱买酒呢？但一定会有些人花钱买酒，他们除了能满足自己对酒精的渴望，还能彰显自己的与众不同。如果通过一杯收费的啤酒或红酒就可以做到盈利，为什么不呢？

03 结语

Fair Folks & a Goat 这家包月 25 美元的咖啡馆，用包月的饮品和丰富的活动吸引了一大批忠诚度和满意度都很高的会员，又通过销售各种艺术品、衣服、家居设计作品、啤酒和红酒来盈利。

它赌会员们做不到每天泡在咖啡馆里，也赌它精选的产品得到会员们的青睐并令会员们慷慨解囊——从它后来又在纽约东 11 街开了另外一家店来看，它赌赢了。

5. 一天拼出“插件式”咖啡馆，便捷咖啡的风口到了吗

这是一个快时代，“便捷”是一个关键词。

7天连锁酒店所属集团推出了一种“插件式咖啡馆”——面积6平方米，只要有电，一天就能拼成并投入使用。

事实上，这种“便捷式”的咖啡馆并不鲜见：零点吧咖啡、参差咖小啡、连咖啡的Coffee box吧台……甚至连星巴克也在2016年推出了一家没有“第三空间”的便捷式咖啡馆。

引入咖啡，对写字楼、办公室、书店等场所环境提升的影响毋庸置疑，但面对习惯在咖啡馆坐一下午的消费者来说，这种便捷咖啡模式能成功吗？

01 即“插”即用：一天能拼出一间咖啡馆吗

从商场、影院、书店、家居店、零售店、创业空间等各大业态，到古驰、爱马仕、阿玛尼以及各大知名零售品牌，各个行业都开始跟咖啡玩起了捆绑游戏。

7天酒店所属集团，也做起了咖啡的生意。

这个叫做MORA COFFEE的品牌，以小成本投入的“插件店”形式，已嵌入数家7天酒店。

MORA COFFEE的CEO王双向“咖门”透露，插件式咖啡采用集成给排水系统。

也就是说，只要有电，就可以嵌入任何人流密集的室内建筑物，“就像插件一样，一天完工，即插即用”。

相比于传统咖啡馆，“插件式”咖啡走的是“小而美”的路线。它采

用预制式模块化咖啡操作柜台，6~8 平方米的面积，3~5 天的现场组装即可运营。所以，它可以灵活轻便地嵌入任意物业闲置空间。

除了借助自身优势进驻酒店，MORA COFFEE 还瞄准了商业楼宇、学校、医院等大堂闲置空间。

02 “＋咖啡馆”：商业地产的生态需求

从统计数据来看，有超过 60% 的酒店顾客会到大堂 1 楼的咖啡馆消费，比预想的 30% 的比例高出了一倍。

这给了 MORA COFFEE 信心：他们计划 3 年时间在国内布点 1000 家门店。

像 MORA COFFEE 一样，咖啡零点八、参差咖小啡、连咖啡的 Coffee Box 这种小体量的便捷式咖啡馆，无一例外受到物业的欢迎。

毕竟，咖啡在中国特有的文化符号，会让引进咖啡的物业显得“上档次、有品质”，帮助它们以更高的价格租出更多的空间。

在商业地产相对萎靡的市场环境下，“生态化布局”越来越成为物业招商的核心竞争力。

所以，这些便捷式咖啡馆，往往成为商业地产释放红利期的受益者——只要你的品牌还不错，物业通常会采用提点的方式让渡租金收益，甚至补贴你一部分装修费用。

03 未来：模式有了，市场有吗

尽管基于对大众市场的渴望，我们很乐意看到更多的便捷式咖啡在市场上出现。但显然，一家咖啡馆，仅靠商业地产短期内让渡出的收益来存活，并不是一个长久之计。

“咖小啡”是参差咖啡王森的一个实验。这种十几平方米的便捷式小店，甚至正要跟苹果体验商店合作。但王森向“咖门”表示，尽管物业给予了诸多优惠，目前仅仅也只是维系了小店的收支平衡。

“至少目前国内咖啡市场的刚需，还不足以支撑一家‘外带式’的咖啡馆。在咖啡这件事情上，不像滴滴打车——是一种刚需。它主要还是遵循传统的体验消费。”

或许只有当咖啡在大多数中国人的心中不再是“情调”“格调”的代名词，当咖啡店不是只卖咖啡，而是与你我的日常生活连接在一起时，便捷式咖啡馆的春天才能真的到来。

6. 零店员咖啡馆

提起咖啡和互联网，人们立刻想到的可能是 3W、车库等创业咖啡。

其实不止于此。

同样借互联网做咖啡的还有一个“不占地儿”的类别——咖啡自动贩卖机。

近几年，零点吧、咖啡码头等互联网品牌屡屡拿到融资，在咖啡行业一展拳脚。为什么资本看不上 700 亿元的咖啡市场，却青睐看上去“小众”的它们？

为此，“咖门”在上海跟咖啡码头的创始人王维聊了聊。

01 自动贩卖机 + 咖啡 = 市场兴奋点吗

“自动贩卖机”这个概念不新鲜了。塞钱、点击、出品、取物、找零，早就是很多人便利消费的一套习惯动作。

▲咖啡码头的第二代自动贩卖机

第一眼看到咖啡码头的自动贩卖机，啡姐的内心是平静的。大概 2 米高的个头、占地不足 1 平方米，蓝白相间，有种沉静的踏实感，论外观也称不上酷炫——除了那块实在够大的触摸屏幕。

扫描对应饮品的二维码进行支付，等待过程中还可以在屏幕上玩游戏互动；取走饮品，在相应位置拿到杯盖和杯套。

产品价位区间在 12~15 元，啡姐尝试了拿铁和野樱莓果茶，制作时间大致在 50~60 秒，整个过程操作较为流畅。

咖啡码头创始人王维，曾从事进出口贸易，此次进入咖啡领域，他有着自己的思考——市场有较好的爆发点，通过三五年运作能达到一个规模，并且能跟新媒体、互联网相关。“我不是做互联网出身的，烧钱买客户这种模式我不太喜欢。”说起互联网，高昂的获客成本、实际并不如意的用户体验让他觉得 O2O 模式在咖啡领域不可行。

在德国考察咖啡原料的过程中，王维发现当地投币式的自动贩卖机数量很多，蹲点儿观察，数台机器半个小时内常常会有十几个人在排队。“唯一缺陷是不知道哪台机器卖完了料，也不知道谁来买的什么。”但这反而让王维感到兴奋。在国内，移动支付的接受度相对较高，沿着这个思路将自动贩卖机与互联网打通，这事儿有戏。

很快，资本方的态度印证了他的想法，咖啡码头在 2017 年 6 月宣布融资 1500 万元人民币，成为又一个拿到融资的互联网咖啡品牌。

02 打“互联网”牌的小众玩家，优势何在

（1）机器：自主研发，建技术壁垒

按照王维的理想图景，机器作为整件事儿的心脏，必须是个集大成者——不仅是大体量、智能版的全自动咖啡机，还得兼顾支付、物料输出以及向管理者反馈等一系列功能。

“弄出这么一个玩意儿可不容易。”王维表示，他之前早栽过跟头了。

由于国外供应商订单数要求高、周期长，咖啡码头第一批的 55 台机器，选择了国内一家条件比较贴合的供应商。

产品投放市场后，麻烦来了——10 个维修人员天天跑都忙不过来。

“咖啡好喝，机器老坏”。在快节奏消费下，用户在有新鲜劲儿时得不到良好体验，对品牌建立来讲，损失惨重。

痛定思痛，2017 年 3 月，王维做了一个大胆的决定：划出来一部分资金，自己做。

智能冲泡器和磨豆机在德国定制，自己研发无钥匙管理、制冰等核心技术。“我们申请了 11 项专利。”王维告诉啡姐。

目前，市面上能见到的最新款的自动贩卖机是咖啡码头的 2.4 版本，已实现采购供应商部件组装测试，用王维自己设计制造的控制芯片软件联动即可使用。

咖评

打造别人难以越过的壁垒，提高技术上的竞争力。

咖啡码头正值第一代产品和第二代产品的交替期，一个很明显的变化是，目前运转的 40 台第二代产品，1 个维修人员还没有满负荷。

王维自信地表示，机器研发大方向上的更迭，咖啡码头在 2 年内难以被赶超。

（2）成本：1 平方米、零店员、易移动

在咖啡馆普遍不盈利的情况下，越来越多的从业者开始注重坪效——向奶茶店学习缩小经营面积，甚至探索即拼即用的微型咖啡馆。

自动贩卖机更是在经营面积这一点上做到了极致，既降低了租金，也通过工业化、智能化减少了人力成本。同时，易于移动、前期投入不是一锤子买卖，也给了选址更高的容错率。

王维表示，咖啡码头开始运营时在选址上没有所谓策略，随意布点，最终才归结到一点——走年轻人比较聚集的地方，以创业园区、互联网企业内部为摆放重点。相对而言，作为一种消费场景的补充，咖啡自动贩卖机进入这些场所的难度也较小。

▲已经出现的小体量即拆即建咖啡馆

（3）复制：快速扩张品牌势能

在经营模式上，咖啡码头采用合伙人制——加盟伙伴可采购机器和原物料进行经营。

对于咖啡码头本身，这是一个低成本、快速扩张的方法，同时也是一着险棋：加盟模式频发事端，铩羽而归者比比皆是，这对品牌的形象可能是致命的。关键在于让利与管控。

一方面，咖啡码头不收加盟费，把通过设备和原物料可赚得的利润压得极低，尽可能让利出去。另一方面，王维对合伙人的筛选很谨慎：在当地能够找到适合摆放的位置资源，全职去经营，通过计算机能远程掌控机器的运作情况。

他想得很清楚："我们处于创业初期，要想把品牌的体量做起来，需要管理上更到位。"

咖评

合伙人是实现模式快速、稳定复制的关键。

据王维介绍，半年中，咖啡码头已经累计签了 200 多台自动贩卖机的加盟合同，将陆续在无锡、杭州、郑州、武汉、苏州等城市与合作伙伴进行推动。

（4）数据：创造未来想象空间

根据咖啡码头测算，自动贩卖机的市场份额很大。以上海为例，即使按照经营状况优秀的高标准点位，也需要 5000~10 000 台自动贩卖机才趋于饱和。

但王维更关注的是后续——通过微信或 App 入口，每一个顾客在每一台机器的每一次下单行为，都有数据资料累积，咖啡码头将把握大数据二次开发带来的附加价值。用数据给消费者画像，从精准营销、实现平台化的角度来讲，给未来提供了更大的想象空间。

03 挑战：咖啡 or 空间，消费者究竟需要什么

咖啡码头在设备、运营上构建了自己的一套系统，但它面临的挑战仍有不少。

（1）重资产下如何提升品牌势能

首先，在咖啡消费领域，又是与互联网挂钩的企业，自研发、自制造是否"过重"？

不久前，咖啡码头宣布获得了 1500 万元人民币天使轮融资。王维并不否认沟通中一些风投机构对项目“过重”的担心。

咖啡机本身成本较高，单是那一块 42 寸的智能触摸屏，成本就要 7000 元左右。重资产之下，如何才能既保证用户体验，又可以迅速布点，提升品牌势能？

对前期研发投入大、涉及面更多的咖啡码头来说，这是个不小的考验。

（2）小众的消费市场能容得下几台自动贩卖机

其次是消费环境。自动贩卖机固然提供了“路过顺便喝一杯”的消费场景，但同时意味着放弃了空间体验，这更适合单纯需要咖啡的消费者。

对于尚不属于刚需的国内咖啡消费市场，去咖啡馆待一下午享受环境、听听音乐聊聊天，“消费空间”可能是更主流的需求。仅为一杯咖啡，这个市场会有多大？

咖评

“场景+社交”是多数人选择到咖啡馆去的直接原因。

这就不免让人担忧，一旦进入二三线城市，咖啡的消费量可能没有那么乐观。

（3）这个市场早已不是蓝海

同样做咖啡自动贩卖机的品牌“咖啡零点吧”，早在 2016 年就获得了来自西部资本的 3000 万元人民币 A 轮融资，其布放策略主要选在没有咖啡店、以中低档为主的写字楼中。而那些拥有五六台机器就能在一片区域成活的品牌，也试图在这个细分市场分一杯羹。

王维坦言，自己目前担心的是，市场混战会损害消费者对自动贩卖机的体验，以及渠道扩展速度的滞后——一旦有同类型项目抢先布点，想再进入的难度就会很大。

以新鲜的体验，推动咖啡大众化消费，咖啡码头有着自己的探索，咖啡自动贩卖机会是打开大众市场的一剂良方吗？

7.“楼咖”与星巴克的竞争

2017 年 10 月，星巴克在纽约帝国大厦启动了针对白领的“楼咖”服务，写字楼的 12 000 名工作人员可以通过专门网站下单，所点餐饮将在 30 分钟内送至指定办公室。

在中国，星巴克在北京联想总部大楼也有一家针对联想员工的“楼咖”，出示联想公司卡可以打 85 折，而且可以刷员工卡结算，很受欢迎。

除却星巴克，我们本土也有“楼咖”，且比星巴克更早进入这个特殊的市场空间。但与星巴克相比，本土“楼咖”呈现出的是另外一种截然不同的群像：它们文艺、温顺，没有商业企图，大都在生存线上挣扎求存。

这一节，我们跟大家聊一聊这个业界的小众生态。

01 坚硬的现实，该死的情怀

坐在自己的咖啡馆里，两三好友，几杯研磨，一段美丽的午后时光。这是很多年轻人对经营一家咖啡馆的人生理想。

除了思想派，也有不少想干就干的行动派。如果恰巧那时又不是多有钱，又没有什么商业上的野心，“楼咖”刚好就是你最合适的选择。

首先，便宜。相对于商铺，写字楼的便宜租金就像是专门为你准备的。2009 年“楼咖”兴起时，郑州国贸大厦写字楼的日租金还不到 1 元 / 平方米。

其次，安静。相对于星巴克窗外街道上的吵闹声，写字楼里的咖啡馆能听到墙上秒针优雅的嘀嗒声，符合文艺青年的环境审美。

最后，招徕顾客成本低。直接开到目标人群办公室门口，连宣传费用都省了。

一阵风吹过，但凡有点知名度的写字楼，都能看到新开“楼咖”的身影。

但大部分“楼咖”经营者后来发现现实是这样的：

挣得不多，竞争不少，客流量是死穴。

2009 年，阿布阿布咖啡馆入驻郑州国贸大厦，成为“楼咖老字号”，是不少文艺青年的阵地。

阿布阿布咖啡馆的创始人小武说，把写字楼里的白领定位成目标客户，有点浪漫主义的意味。但在中国，尤其在二三线城市，白领很难支撑起“楼咖”的业态。

02 星巴克的“楼咖”为什么就可以

简单地说，帝国大厦作为纽约的地标性建筑，在里面工作的叫“真白领”。他们还都有喝咖啡的习惯。

更要紧的是，他们消费一杯咖啡，就像你抽一支中南海香烟一样无压力。

客流成为本土“楼咖”的死穴。

断了白领的念想后，藏身于高楼的“楼咖”几乎没有自然人流，来来回回都是熟客。

而这些熟客也正慢慢从“楼咖”流向星巴克、漫咖啡、Costa——至少，这些不断开店的时尚连锁品牌，稀释了顾客对“楼咖”的热情。

与此同时，国贸的写字楼房租从 0.9 元 / 平方米一路涨到了 2.7 元 / 平方米，用工成本也越来越高。每天早上醒来，都要算一下今天卖出去多少杯咖啡才不会赔本。

小武感叹：想挣钱，真的不能做“楼咖”。

但奇怪的是，还是不断有人涌进这个小众空间。这种现象被业内总结为“情怀过剩”。

阿布阿布咖啡馆所在的国贸大厦，有十几家“楼咖”在营业。

二维码、Wi-Fi、周末小活动、一个给你介绍咖啡知识的微信账号……楼上楼下，几乎所有“楼咖”都是这样的标配，同质化严重。

03 幸存者的生存法则

目前市场上幸存的“楼咖”，大都在开创初期积累了一批忠实客群，并依靠他们度过漫长年月。这些“楼咖”在留住熟客、以熟带新的路上，日复一日地操劳。否则，“下一个倒下的就是我”。

圈子

圈子，是“楼咖”经营的灵魂。从某种意义上说，“楼咖”文化就是圈子文化。搞活动通常是经营圈子的重要形式。但是搞什么活动，却颇费踌躇。

著名“楼咖”、曾在武汉红极一时的“CC 美咖”，其创始人在转让时总结：“楼咖”一定要做主题，切忌林林总总，东一榔头西一棒。要针对一个细分的人群市场，做有黏性的粉丝活动。“CC 美咖之前为什么活得好？因为它是以 HR 这个领域为主题的咖啡厅。众筹之后，反而没主题了，所以 3 个月便转让了。”

产品

进“楼咖”的都是熟客，如果出品太差，怎么也说不过去吧。

小武说，当初蒙着头闯进这一行，一开始模仿上岛咖啡，什么产品都上，几乎是乱搞。现在他们已经摸索出以“精品咖啡”为核心的成熟的产品线。独创的可乐处理法制成的单品咖啡豆和纯手工制作的蓝盒蔓越莓饼干，很受顾客欢迎。

他说，如果在产品上连心思都懒得用，那些曾经忠诚的客群风流云散是分分钟的事儿。

环境

时代变了，人们对咖啡馆的审美不再是幽暗的角落，猩红的吊灯，以及低吟的音乐。

2017 年夏天，阿布阿布咖啡馆把店面都重新装修一遍，走起了简洁明亮风：把幽暗的咖啡馆改造成阳光房，挪走了暗红的沙发，改换有着明快纹理的木质桌椅；临窗的位置，摆放了更多的桌椅。

走进这样一个简洁开放的空间，你很容易忘记自己是在 60 米高空的写字楼里。

电商

电商正成为“楼咖”们的另一根救命稻草。它在一定程度上弥补了“楼咖”空间的尴尬，让“楼咖”与其他咖啡馆同台竞技。而且，特有的文艺气息让楼咖在网络销售上往往更容易赢得消费者。

耳包、杯子、咖啡豆，甚至连咖啡机都能卖。目前，网络收入已经占到阿布阿布咖啡馆总营收的 40%。除了卖东西，打造线上咖啡馆也是“楼咖”经营者们新的阵地。

一如既往，我把丑话放到最后。开咖啡馆终归是一个商业行为。尤其是品牌相对弱势的独立咖啡馆，最重要的是什么？

地段，地段，地段！

所以，今天还想开始经营一家“楼咖”的，想想前文“楼咖先烈”的话，再做决定吧。

8. 开在小区里的咖啡馆

这家藏在青岛一个小区里的咖啡馆，面积只有 12 平方米，里面只有 9 把椅子。而且，小区还装了门禁。店内没有 Wi-Fi，没有厕所，也不卖甜品。月租 2000 元，每天平均却能有 1000 多元的营业额。老板的微信名字叫“第十一杯”，因为每天从第十一杯开始，这家店就开始赚钱了。他是怎么做到的？本节内容由“咖门”特约作者张鸿远撰写。

01 开在有门禁的小区里

12 平方米的店，日营业额 1000 多元

这是个真真切切开在社区里面的店。我以前在青岛城阳工作的时候，

▲ 这是我坐在最里面的座位，用手机对着门口拍的。所以，除了左边，看到的即是一切

偶然去过两次。这次在路上，我唯一想的就是：千万别倒闭了。

让我更想不到的是，我和二哥在小区新装的门禁面前，你看看我，我看看你。

咖啡馆的位置，是小区入门后往前走一小段，在一片小树林的后面。如今，树已经没那么茂密，一眼看见了店面，还真有点不习惯。和两年前一样，店门口的摆设毫无顾忌：堆着水果、不知道装了什么的尖叫瓶子和难看的簸箕。

门口玻璃上的白色贴纸，贴着我们看不懂的小广告。对，是韩语的。

见到老板仍旧非常亲切。两年前交谈的时候，他曾经讲过一个概念，让我受益良多。我问他："为啥你的微信名字叫'第十一杯'啊？"他说："我这个店，乱七八糟的折合起来，每天卖出去十杯咖啡我就保本，第十一杯我就开始赚钱了。所以每天，我都会数着卖了多少杯，到了第十一杯我就不数了。因为第十一杯已经开始赚了，无非是赚多赚少的问题，所以都是开心的。"

这个叫做"TAYA CAFE"的 12 平方米的店，在网络上根本找不到它的痕迹，店里面实际也只有 9 把椅子。

这样的吧台，真像自己家的厨房。海尔的冰箱，家用的搅拌机，门口停着不知是谁的自行车，反正不是客人的。

坐下后，二哥迫不及待地问老板："老板，你这生意怎么样啊？位置那么特别，一天收入能不能有个四五百？”老板尴尬地笑了笑：“一天平均 1000 元吧，夏天好点就 2000 元。”

二哥捂着脸坐下。讲实话，其实那会儿我是不太信的。

店里的菜单一直没换过，最便宜的美式 15 元，双份 18 元。最贵的是 25 元的猕猴桃汁。这客单价，算下来翻台率有点高呀。

我们进去的时候，只有一个韩国的妹子，带着两个孩子坐在那里。

店里没有任何餐点，妹子是喝了个美式还是什么，两个孩子玩自己的。若真的做到，一天一千多元的收入，相当于 60 多杯美式咖啡，这点地方怎么够用？

我自以为是地思考着：一定是吹牛。

02 “三无”咖啡馆的生存法则

老板也不管孩子怎么样地玩，只是给我们做着咖啡，聊着豆子萃取、深浅烘焙的问题。这天也不知道为什么，青岛的风异常的大，打得脸呼呼地疼。那个带孩子的妹子，自己默默地带着孩子走了。我俩和老板继续谈论着青岛哪里的咖啡馆好，等等。

看见妹子走了，我耐不住地还是问了老板：“她这样带着孩子过来，是不是也挺影响生意的？”

老板尴尬地笑笑：“没有，要不是她们，我这早就‘死翘翘’了。”

说完，老板接了个电话，做杯咖啡拎着出去了。留下我和二哥，还有我身后的钱柜。

回来后，老板继续说：“如果不是这些韩国人，我这个店早就不存在了。其实从我这个店刚开的时候，生意就一直很稳定。店里都是一些韩国的主妇们，基本没有生面孔。店的主人其实不是我，实际是她们嘛。那些每天都要喝咖啡的人，每天来到这里的时候，其实也只是回到一个地方，而不是来到一家店。门口停的自行车都没有锁，桌子上的东西说待会儿有人来拿。贴在墙上的都是她们孩子画的画。我也没做甜品，里面也没厕所。想吃了，她们会自己去门口的罗密欧买了再过来，上厕所直接去物业就可以了。这儿也没有 Wi-Fi，东西也经常放在这里，快递都可以收。”

我们两人懵着脸，看着黑乎乎的老板，他又尴尬地笑了笑。

我问他：“那你会韩语吗？”

他习惯地尴尬地笑笑：“不会啊。”

“那你怎么和客人交流呢？”

“我只要听得懂他们说喝什么就好了，这里地方也小，如果我都听得懂，那她们在这里聊天就会有顾忌了。”

人在很多时候，需要的只是一杯咖啡；又有很多时候，需要的就是离家很近的一片树林。

03 反主为客：给顾客更多的空间、时间、自主权

尽管小区里的韩国主妇们成为小店的刚需人群，但真正让我反思的，是第十一杯老板风轻云淡的经营。

做咖啡这几年，习惯了前置的吧台，里面的是咖啡师，外面的是顾客。宠物与外带食品禁止入内，请看护好小孩，看好自己的物品，以及随处可见的——不信任。

不赚钱的社区店，半死不活的精品馆。格调、调性、风味豆子，太多的人把店开成了自己的地方，禁止一切自己反感的东西。这没有什么错，

却也告诉了你的客人：在这里你是客人。

星巴克的第三空间，漫咖啡里陪你的一切自助，黄太吉讲过的顾客参与感，其实这些东西看起来新，但无非就是这种简单经营的方式：弱化自己的主场，给顾客更多的空间、时间、自主权。

我看着这个小店的老板，想着这几年遇到的那些半死不活，赔钱硬撑的老板，一切清晰又恍惚。

这家小店靠外一点的街道，开着四家以上的咖啡厅。反方向的北门，开着两家跟风而起的小店。附近的咖啡馆“多如牛毛”，它却还能保持着自己的盈利。

七万元的投入，每月三万元的经营收入。这个投资回报的比例，恐怕已经秒掉了青岛九成以上的咖啡馆。每天八点开门，营业到晚上十点左右结束，不可谓不努力，这当中却也有太多超出传统的经营理念。

简单的装修，三年没换的菜单，反主为客的理念，以及“店里有人我就随便出去”的信任，所谓的社区店不就该这样经营吗？抛弃商业区里所需的豪华装修和精致的咖啡、甜品，做着最家常的咖啡，卖着最家常的价格，然后把顾客们养成“店主”；没有工匠的情怀，没有过多的格调和调性，只有一杯咖啡，和自己扮演自己的时间。

9. 如何做活社区咖啡馆

在啡姐的小调查中，不少人希望自己小区门口能有这样一间小小的咖啡馆。而现实是，社区咖啡馆玩家多，赢家少，开得快，倒得更快。你一个不留神，心心念念的吧台小哥/姑娘就跟咖啡馆一起不知所踪了。

不过也有例外。

▲暖光、绿植、书本、咖啡香

01 被“诅咒”的社区咖啡：“邻居”生意，有多难做

啡姐发现这家咖啡馆很偶然。在拜访一位业内资深人士时，对方指名在这家叫做“群青咖啡馆”的地方见，并对其不吝赞誉之词。啡姐当然要再前来一探。

店主Nina是个笑起来很美的姑娘，酒店管理专业毕业，2年咖啡师经验。

“我把这个社区咖啡馆定位为‘邻居’。”Nina告诉啡姐。

说真的，听到“社区咖啡”这个词，啡姐是捏了一把汗的。目前“社区商业”甚嚣尘上，异业整合、协同采购、多渠道落地等玩法，听起来“套路很深”的样子。但对咖啡馆来说，目标客户群错位、冲动消费少、回头客依赖度高……痛点不显自彰。就连Seesaw Coffee曾经在上海开过的社区型门店，也很快因为选址问题而关掉了。

“目前咖啡的市场现况，客群是个问题。社区的人白天上班晚上回家，所以生意不好。”Seesaw Coffee 创始人宗心旷说。

02 Nina 的社区咖啡馆不完全生存指南

开社区咖啡馆不是 Nina 头脑发热做出的决定。她告诉啡姐，定位为社区咖啡馆，去讨论如何提高翻台率很不现实，尤其在“空间消费”仍占市场主流的情况下。

那怎么办？逆向思维——瞄准大多数客群的喜好，并让他们长时间待在这儿。

（1）环境：包容不同“邻居”的留客法则

或是老旧的打印机，或是浪漫的长生花……通常一家独立咖啡馆的装修腔调，投射的是店主个性化的审美情趣——这也是独立咖啡馆最迷人的地方之一。

但这不是 Nina 的选择。

在她看来，社区型咖啡馆的客群，决定了社区型咖啡馆的“留人法则”——让更多的普通顾客感到舒服，而非只针对文艺青年男女。

她的店面有 100 平方米左右，装修清新，但称不上个性，也算不得文艺范儿。但社区的上班族、学生族、自由职业者、做小生意的……从环境上，它最大限度地包容了各种各样的“邻居”，以此捕获更多客群。

色调：以群青色作为主题色（也是这家咖啡馆的名字），与同色系相搭配。据说从心理学角度，这种颜色最容易让人情绪平静。

灯光：使用色度更明朗的暖光，容易引导顾客进店；同时，促进“温暖”印象在顾客心中留存，与社区定位契合。

座位：忽视“翻台率”，大量使用沙发软座，还设有私密性更好的两个包厢，怎么舒服怎么来。

另外，在装修这件事上，Nina 告诉啡姐一个小诀窍：整体氛围感最重要，要把心思更多地花在大面积色块的选择上，比如对地板及墙面色调的把握……不要在细节上钻牛角尖。

（2）加餐必须有，但要讲方法

“你要相信，对一家社区咖啡馆来说，吃饭的需求是刚性存在的。”

很多独立咖啡馆在陷入经营上的困境时，通常会选择“加餐”：牛排、焗饭、比萨、意面……那对一家社区型咖啡馆来说呢？

准确说来，Nina 这家咖啡馆的餐不是“加”的。开店之前，她就为“餐”做了足够的准备。她带着厨师，到北上广复合式咖啡馆及轻食馆吃了一圈儿，不断尝试改进，确立了自己的餐食主打——沙拉和三明治。

在啡姐看来，一方面，沙拉和三明治在保证品质口感的前提下，操作相对简便，最大可能地提高了厨房的利用率；同时，“轻食”属性又和咖啡馆的调性相契合。

一份够精致的菜单，解决了顾客到了饭点儿却又不想离开的场景体验痛点。

（3）忘记你的咖啡师身份吧

喜欢咖啡的人开店，容易出现一个问题：找到自己喜欢的咖啡豆，便迫不及待地希望分享出去。功夫花了，市场却未必买账。

曾是咖啡师的 Nina，也会因为得到一支稀有豆子而欢喜。而在咖啡馆经营中，她有意回避自己的喜好——只在每个产区挑出一支供应稳定、价格适宜的豆子供顾客选择，不上稀缺豆。Nina 把传统意式咖啡放在了菜单最醒目的位置。

如果由着她的性子来，甚至连咖啡机都不会买，只上单品手冲。“但 60%~70% 的消费者会选择糖奶意式啊。”开一家社区咖啡馆，一味强调醇正，与经营是相悖的。“都是饮品嘛。”把咖啡师的身份置后，Nina 很看得开。

03 社区咖啡：不在客流在人心

Nina 用一种传统的方式，向社区咖啡馆这个不被看好的业态发出挑战。

开业半年有余，这家“零宣传”的咖啡馆，营收、客群基本达到了 Nina 的预期。据啡姐两次工作日的到店观察，从午饭时段起，店内客流就相当乐观。

“咖啡馆两年回本就很不错了。”看上去，Nina 有这个自信。

社区咖啡馆，向“体验 + 便利”进发，俘获邻居们的芳心，满足他们对“第三空间”的需求；他们对你的依赖度和黏性也会让你欣喜。关键在于，你是否敢于调整经营姿态，真正从顾客和市场考虑。

10. 如何把路边摊做成品牌茶饮店

在英国伦敦，每个高档街区都有咖啡馆的身影，但想找到高质量的茶馆并不容易。英国女孩埃米莉·霍姆斯注意到了这个情况。

2012 年，在朋友的鼓励下，埃米莉打造了一辆茶饮车，接着又开了两家茶饮店。创业初期，没有经验、缺乏资金；短短几年时间里，她如何在一个习惯喝咖啡的国家，创造了一个茶饮品牌呢？

01 开店：把货车改成茶饮车

（1）把货车改造成流动茶饮车

如果一开始就选址开店，对缺少资金的埃米莉来说并不现实，她的做法是先做一辆流动茶饮车。

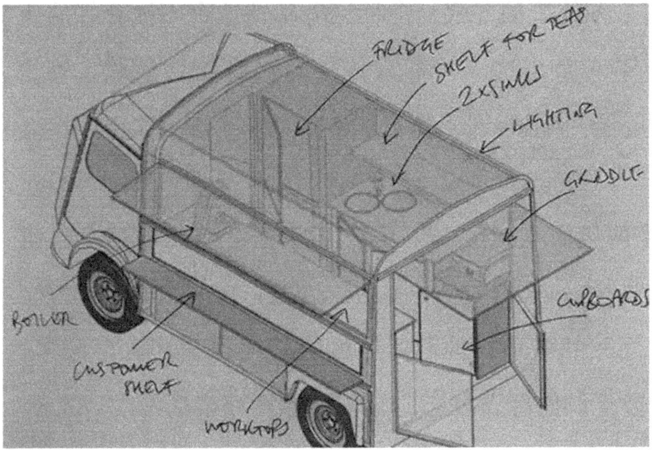

▲流动茶饮车设计图

埃米莉把一辆1974年产的雪铁龙H型号的货车改造成了一个包括工作台、储物柜和售卖窗口的移动茶吧，不仅省去了开店的高昂成本，还可以开着车去伦敦各个地方卖茶。

尽管如此，她还是面临资金问题。好在随着时代的发展，有了众筹这样的平台和工具帮助创业者。

埃米莉做好设计方案、设定好众筹回报后，在众筹网站 Kickstarter 上发起了众筹项目。2012 年 11 月，她筹得了将近 1.5 万英镑。

众筹成功后，埃米莉开着改造好的流动茶饮车，到伦敦各地卖茶，许多市集街道上都有它的身影。这辆茶饮车还经常出现在音乐节之类年轻人聚集的活动场所，也接受婚礼、聚会等各种活动的预订。

▲茶饮车在婚礼上

（2）靠众筹再开实体店

流动茶饮车方便灵活，运营成本低，适合创业起步阶段，但没有固定场所，不利于品牌的树立。

经过两年的茶饮车运营，埃米莉决定开一家实体店。此时她已经积累了不少经验，也有了一批忠实顾客，这给了她开实体店的底气。

▲实体店面

埃米莉驾轻就熟地又开展了一次众筹，这次她成功地在众筹平台 Crowdcube 筹集了 18 万英镑。

埃米莉在伦敦肖尔迪奇区找到一个 18 平方米的空间，并请英国建筑事务所

Kennedy Woods 进行了店面设计。

有了实体店后，埃米莉的茶饮生意也走上了发展的快车道，2016 年，他们在伦敦又开了一家更大的实体店。

02 重视品质，给茶叶编号

埃米莉创业的初衷是开高品质的茶饮店，因此她十分重视茶叶的品质。为此，埃米莉组建了一个团队品尝和选择世界各地的茶叶。

现在这个店里有来自中国的绿茶、红茶、白茶、乌龙茶，来自西班牙和斯里兰卡的草本茶，来自埃及的洋甘菊茶和薄荷凉茶，来自日本的绿茶和抹茶等。

这些茶叶按照被其团队发现的时间顺序排列，现在已经排到了第 25 号。在选择到高品质的茶叶后，公司还要与当地茶叶农场建立联系，从源头上保证茶叶没有添加物。除了茶叶，埃米莉的公司还销售各种精美的茶壶茶具，这些茶壶和茶叶都可以在其网站上购买。

虽然已经开了两家实体店，但埃米莉的那辆流动茶饮车依然积极地去那些热门的零售空间开“快闪店”，或者参加年轻人聚集的音乐节等活动。

茶饮车每次出发前，都会在 Facebook、Instagram 上发行动通知，线上和线下互动运营，为提升品牌形象、提高知名度持续努力。

03 结语

如果回到 2012 年，恐怕埃米莉自己也不会想到，仅仅 4 年多的时间，她就有了一辆茶饮车、两家茶饮店，并打造出一个小有名气的茶叶品牌 Good &Proper。

为什么埃米莉能取得这样的成功，我个人总结出以下几条原因。

（1）极度重视设计

从最开始流动茶饮车的那张一丝不苟的手绘设计图纸，就可以看出埃米莉对设计的重视。再看这张流动茶饮车的近照，虽然只是街头小车，但细节设计上一点也不马虎，第一眼就给人一种很精致的设计感。

▲注重设计

在开设第一家实体店的时候，埃米莉的资金还是众筹来的，但她并没有因此在店面设计上省钱，而是请了英国建筑事务所 Kennedy Woods 做设计。

此外，在茶叶的包装设计上，极简的设计风格给人一种高档精致的感觉，其精选出的茶壶茶具也尽显了极简设计风和东方的拙朴感。

（2）定位准确清晰，主动迎合

埃米莉非常清晰地知道自己的目标人群，从她在网上众筹成功起，就注定了她的顾客更多的是相对年轻时尚的群体。

于是，埃米莉在产品设计、装修设计以及运营上尽可能地吸引这些年轻人——采用年轻人喜欢的设计，开着流动茶饮车去音乐节等年轻人聚集的地方，用 Facebook、Instagram 等社交媒体和年轻人互动。

（3）擅用外界资源

没钱时，埃米莉通过众筹募集资金；要开实体店时，埃米莉找专业的建筑事务所做设计。擅长整合和利用外界资源，也是她取得成功的秘诀之一。

11. “共享”咖啡馆

2017 年很火的“共享模式”找上了咖啡行业——北京出现了一种咖啡馆变身而成的“共享会客厅”。不少顾客因为到咖啡厅开会得到了良好的体验，还会自己主动二次上门。

当一个个“共享单车”“共享充电宝”“共享旅馆”项目备受热议时，这样的玩法能给一家咖啡馆带来多少盈利点？对咖啡行业来讲，这是在破局还是在搅局？

本节内容由“咖门”特约作者西亚撰写。

01 当私人咖啡馆变身“共享会客厅”

当“共享单车”集齐彩虹色，奔驰、宝马加入“共享汽车”的大局，甚至连充电宝也要共享时，红到发紫的“共享经济”模式终于把手伸向了咖啡行业。

2017 年 3 月，搞联合办公的创业公司“无界空间”用三个月的时间打造了一批“W-Studio”——共享会客厅 / 工作室。

没错，这些空间的一部分就是在咖啡馆里。

具体说来，就是通过合作，由无界空间出资、咖啡馆提供场地，对咖啡馆进行改造，或进行简单的空间区隔、软装饰；或干脆原样不变，只配备一些会议必需的设备，如投影仪、白板等。

这样，一个简单的会客厅就搭成了。

▲一个可以用来短暂会客、办公、开会的空间

这样的共享会客厅一般按小时收费，每小时定价为 60~200 元。如果有

顾客通过无界空间的 App 成功预订到合适的会客厅，合作的咖啡馆也可从中获得收入分成。

另外，顾客在咖啡馆的餐饮消费自然也归咖啡馆所有。

听起来咖啡馆多了一条新的盈利渠道，甚至有已经参与这种合作的咖啡馆表示："通过这个渠道的预订，基本上每隔两三天就有一场，有时一天有两场。"

02 是一种变身的"咖啡沙龙"吗

其实，"共享会客厅"的概念虽然新颖，但算不上个新玩法——"这不就是咖啡馆的沙龙区嘛！"

不少咖啡馆或根据定位，或只要面积许可，在经营的过程中都会考虑设置一块区域，请作家做读书分享会、办个小沙龙活动等，这种"套路"的做法简直太多了。

比如深圳一家以 3D 打印为主题的咖啡馆，规划之初就做了明确的安排：为了让更多的客户了解到最新的 3D 打印技术和应用，规划了专门的活动分享沙龙区。

目前，该咖啡馆每个月大概有二十场活动在沙龙区举办，由此带来的流量占到了其总流量的 30%~40%，这个数字非常美好。

"咖啡厅的盈利模式可以是多元化的，饮品、餐品的收入只是一部分。作为零售行业的咖啡厅，如果客户有这样的需求，为什么不能尝试呢？"3D 咖啡负责人说。

对原本有规划的咖啡馆来说，共享的思路很好；但如果是一家已经做好定位的咖啡馆，这样的"共享"会不会打乱正常的节奏？

03 共享咖啡馆模式的优劣

仔细分析就会发现，这种“共享”玩法虽然有一定的优势，但也存在不小的局限性。

优势：补充功能，增加引流机会

如今，到一个城市，随便打开一个 App 搜索，就可以搜到数十家咖啡馆。而每一家的特点何在？加上一个“共享会客厅”的玩法，未尝不是一种增加亮点、拓展渠道的好方法。

“我家的咖啡馆沙龙区接待沙龙比较多，慢慢地，附近的一些企事业单位活动也转移到了这里，从而带动了人流。通过这些活动的渠道吸引到店的客户也逐渐转变成了长期客户，不用再坐等客户上门了。”3D 咖啡馆负责人说。

团体活动的举办带动了客流的增加，从而带动了营业额的增长。这一说法也得到了另一家咖啡馆的证实——通过共享会客厅预订场地的团体顾客，不会仅仅只是开会，一般都会点咖啡和餐食。而且，不少顾客因为到咖啡厅开会得到了良好的体验，还会自己主动二次上门。

劣势：局限性强，对咖啡馆要求高

但是，增加客流，提高包间使用率……这些听起来很诱人的事情，不是每个咖啡馆都可以做到的。

这不仅对咖啡馆本身的硬件设施提出很高的要求，对咖啡馆的地理位置也有要求：咖啡馆的空间要足够大，要有包间或者能隔出相对私密的空间，公共交通要非常方便……

简单的几个条件，就把一大批咖啡馆挡在门外了吧？可见，这种模式在推广上是存在“硬伤”的。

所以，也不是随随便便一家咖啡馆就能尝试的。

另外，咖啡馆的“定位”也使得共享的模式存在局限。比如，据群青咖啡馆的 Nina 表示，咖啡馆共享会客厅，在北上广应该有很多的空间，客户体验也更好；但是定位于社区店的群青咖啡，空间不大，包间的使用率极高且时段不固定，消费者使用微信等预订更方便。

对此，“咖门”也咨询了咖啡行业资深策划专家李强的观点，他认为：“目前很多咖啡馆闲置空间非常多，共享会客厅可以使这部分闲置空间被利用起来。同时，翻台率低也是让很多咖啡馆老板头疼的问题，有着时间限制和场地使用费的咖啡馆共享会客厅也会解决这方面的一部分问题。”

但是，作为咖啡馆，共享会客厅只能做一小部分引流，特别是那些目前已经陷入困境的咖啡馆，不能把共享会客厅当成救命稻草，还是要苦练内功，找到适合自己的模式。

你觉得这样的“共享会客厅”怎么样？能给咖啡馆带来一些改变吗？

12. 如何做一家有温度的咖啡馆

在郑州农科路，不足1000米长的街道上大大小小分布着七八家咖啡馆。扼守街头的漫咖啡，无论体量还是人气，都是这条街上的“巨头”。街道的另一头，是一家拥有700多平方米体量的咖啡馆。这家叫做“咖咖奥”的咖啡馆名头虽不及漫咖啡响，但人气却绝不逊色。

在一个二线城市，面对人气爆棚的全国性品牌，这家咖啡馆是如何

“打劫”漫咖啡的？

01 你有可爱小熊，我有美女鲜花

“漫咖啡做得不错，但我这边方式更灵活，玩法更新更快。”手指不远处的漫咖啡，这家咖啡馆的老板自信满满。

700 平方米，同样是一二楼打通，上下两层高大通透，这家咖啡馆与漫咖啡体量相当，分守一条街的两头。一楼摆满了鲜花、绿植，走进去，满屋的花香。

和漫咖啡的各式可爱小熊相比，满屋鲜花对女性顾客似乎更有“杀伤力”。上楼喝咖啡前，好多女生都要在此流连几十分钟。更有不少人把这里当成了拍写真的好地方。老板说，每天几乎都有不同的美女带着摄影师在这里“凹造型”。

老板从中看出了商机。对于那些没有摄影师跟随的顾客，咖啡馆提供专业的摄影服务。一组 199 元，预约的人还挺多。

“咖啡馆 + 花店”的复合式经营，除了营收上的考虑，二者在空间和客群上相互成就，成为吸引客流的最佳拍档。喝咖啡、赏鲜花、看美女，这也为咖啡馆带来了更多的男性顾客。换做你，难道不想去围观一下吗？

02 你有标准化微笑，我做本土式社群

“咖门”记者刚一落座，服务员就递来一片眼镜布。这个典型的中式服务动作，让人想起了中餐海底捞。

留学韩国 8 年，让这家咖啡馆老板对中国咖啡消费心理有着特别的认知。

老板说，相对于连锁企业标准化的服务，他更看重人与人的连接与互动。

每桌桌角上的二维码，不只有咖啡馆的官方微信，还有老板的私人微信，顾客的问题和想法都可以直达老板。

“顾客有意见，直接加我微信反馈，随后会看到我们的改进。”

他还对点餐用的震动计时器进行了改良。每桌都有一个桌号牌，饮品会送到桌前，需要服务按铃即可，无须顾客再跑到吧台自取。

这种更中式、更接地气的服务理念，更符合当地“家常邻里”式的社会关系结构。

这也让咖啡馆的顾客慢慢地变为“朋友”，老板也会按照“朋友们”的意愿来做社群活动。他说：“对一家区域独立咖啡馆来说，本土化社群的高忠诚度仍为发展客群屡试不爽的大绝招。”

03 要有差异化，更要有核心产品

作为一家咖啡馆，产品永远是绕不开的核心竞争力。

令这家咖啡馆在当地圈内名声大噪的，是那台号称价值 60 多万元的三

头 La Marzocco 咖啡机。

当然，对咖啡馆来说，业内叫好是一方面，顾客叫座才是最根本。

与连锁品牌比，这家咖啡馆的产品更新更快，也更灵活。像韩式咖啡流行的紫薯拿铁等产品，会在第一时间上新；也会根据顾客反馈，增加比萨等西餐产品；还有用洋酒与咖啡调配出的一些新品，往往会成为顾客喜爱的爆款。

另外，在咖啡行业，格调是产品不可或缺的一部分。这也是星巴克早期面对客群空白的中国市场，取得成功的重要原因之一。老板说，他正打算换掉店里的马克杯，改用开口较大的咖啡杯。原因是，这样更方便咖啡师拉出漂亮繁复的拉花："客人喜欢这个。"

04 结语：在"冰冷"的"巨头"面前，做一家有温度的咖啡馆

与连锁巨头抢生意，"差异化经营"是众多区域型独立咖啡馆的必经之路。

产品、服务、环境、营销手段……系统地差异化经营，是日积月累沉淀与培养出来的，也不可被简单复制。

在连锁巨头"黑暗森林"的笼罩下，这个世界从不缺大品牌，也不缺"土豪"店，缺的是一家特别的、有温度的咖啡馆。

13. "消费降级"的咖啡馆

当然，这里说的"消费降级"并非一种市场不振、消费力减弱的退而求其次，而是强调门槛更低的一种商业价值体现。

01 在星巴克里待一下午的年轻人会做些什么

发呆、读书、聊八卦、还是打开电脑忙工作？

咖 Sir 不止一次看到有姑娘小伙三五成群，坐在星巴克，拿着手机，言笑晏晏，偶然喊一句“我来 carry”“主宰主宰”……应该就是在玩《王者荣耀》了。

作为一个四年多的 LOL 玩家，咖 sir 对腾讯出的这款手游其实并不熟悉，本身我就“手残”，实在想象不出来在手机屏大小的地方，如何体验到操作快感与更复杂的技战术运用。

但现实是，即使不去关注它，也不妨碍它轰轰烈烈地出现在我周围，一时间“后羿”“牛魔”“阿珂”“马可波罗”……这些名字不绝于耳。

但转念一想，这其实不难理解。

比起网游一登录往往一个午休时间就搭了进去，手游在上班时忙里偷闲就能玩；

比起 PC 端游戏动辄快 10G 的客户端，不足 500M 的大小对如今的手机来说够轻松；

比起和好友面对面“开黑”得去网吧触碰“油腻的键鼠”，坐在星巴克环境简直太优越……

它或许牺牲了一些操作和技战术的丰富性，但它的要求是那么低，那么适合你和好友“微信一约”，立刻就开始一把。

咖评

随时随地开始，要求更少。

这让我联想到另外一个例子，一家叫做“牧之初心”的牛排店，开业时的盛况也引来餐饮行业内一片观摩——“开业第 106 分钟营业额破万元”“未到晚餐时段，营业额已破 6 万元”“相当于每小时卖出 1.3 头牛”……

▲在形式上做简化

只有 18 平方米的门店，就餐区被压缩，牛排煎好之后，放到纸船状的餐盒里，消费者可以站着吃或直接打包带走。

牛排由“坐着吃”，变为“站着吃”，甚至“走着吃”。以往印象中吃牛排的什么“重消费”“仪式感”“严肃”仿佛都成了浮云。

你感受到了什么？

02 “短平快”式的消费，似乎有着更清晰可见的庞大市场

从这个角度来说，“消费降级”是一种不可忽视的需求。当然，这里说的“消费降级”并非一种市场不振、消费力减弱的退而求其次，而是强调门槛更低的一种商业价值体现。

在这里开个脑洞，如果我按照“消费降级”这种思路开个咖啡馆……

（1）产品——“忘记”精品咖啡

我之前就一直在想，为什么很少见到果味儿咖啡呢？珍珠、椰果、红

豆、糯米，奶茶里面花样繁多的配料，为什么咖啡里就不能加呢？没喝过咖啡，为什么要“被教育”才知道好喝不好喝呢？

之前曾看过关于“咖啡创新难”的探讨，有业内人士表示，这有咖啡本身口味的原因，其他辅料味道不容易出来，这是一个理由，但是不够充分到能说服我。

水果、气泡水、芝士……茶饮那么多能混搭的爆款，在咖啡中就研发不出适配且一口就觉得好喝的产品吗？

不用多，三款就够，突出的是好喝和不同，价格在 15~23 元，这就是我的招牌产品。

我不会使用那么稀缺的豆子，而是在质量达标的前提下，选择供应稳定的那款；

我不会采购多么吸引眼球的设备，而是简单四个字——“皮实够用”；

甚至咖啡师说不定我都会省了，按照配方，参考奶茶店出一个新手 10 分钟就会的制作流程。

（2）空间——“再见”星巴克

喜茶开大店、813 开大店，连 CoCo 都可都在往大店的方向经营。

空间上我也想对标星巴克，可是我没钱啊，没钱付昂贵的房租、没钱装修，也没钱为店里添置气质匹配的桌椅。况且，正宗的星巴克咖啡馆不是已经存在了吗……

我就想要怎么开小店，小到能看到我的店招就好。空间上，窗口大小的 Manner 咖啡就是我的学习对象。

牺牲了空间，不能牺牲体验，没有了氛围感，就要更关注细节。

比如，招牌产品够不够醒目，有没有风味指示；菜单字号大小，近视的顾客看着费不费劲；说欢迎词要怎么讲才热情又不会让顾客尴尬；“少冰”“半塘”哪种产品怎样最好喝有没有提示到位；不排队的情况下从点单到出杯能不能控制在 1 分 30 秒内……再用一个月的房租钱（如果店面够小的情况下），时不时加些期待之外的小惊喜，让顾客看到，我的店给人的印象是“充满活力的”。

（3）营销——看看“辣条”怎么做

街边饮品店竞争也很激烈啊，顾客为什么要买我的产品呢？我得给他们一个理由。一句话就是，告诉消费者，我卖的东西很好，且我是其中的行家。

找到产品的卖点。在真实、好喝的前提下，原创、首创什么的挺管用，要让印象在顾客心中久久不能散去；也可以考虑一下功能路线——比如今麦郎力推的瓶装“凉白开”，名字都不取了，直接无概念化，强调的就是一个“解渴”，引导消费者随手购买。

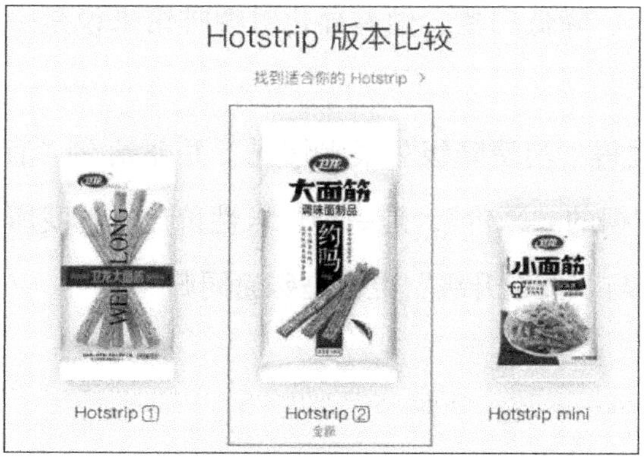

▲卫龙有“落差感”的宣传

卫龙辣条的营销是一个值得研究的对象，价位相对较低的产品，不意味着呈现的宣传就不够档次。一个关键点是，如果我没有空间去大篇幅地显示我的产品，那么就将有限的资源集中在招牌产品上，每一次它在菜单、海报、灯箱上的出现，都要变着法儿地告诉消费者，为什么它好。

我会给自己的消费群体画像，定位肯定要紧紧围绕年轻人，甚至更细分，一方面是对市场接受度的考虑，另一方面也要兼顾价格因素。

03 想象中的这家咖啡馆能开得下去吗

老实讲，我不知道。

但我相信，不是所有消费者在所有时候都需要以充满仪式感的姿态喝一杯咖啡。

在《好奇心日报》一篇关于 2017 年度趋势洞察的文章中，提到这样一个观点："快时尚化"的产业模式的确让市场增加了无数选择（也制造了无数转瞬即逝的潮流），但它最终的导向并非是"升级"这种模糊的字眼，而是更为复杂的"分化"……快速的迭代会制造不同种类的消费者，最终的结果是"各取所需"。

在不断深入的品类细分之下，在市场仿佛只能存在老大、老二，第三就难以生存的情况下，细算成本、降低门槛、做差异化对咖啡馆来说是一种更易生存的策略。

在如今的消费市场中，我觉得"消费降级"很多情况下并非站在"消费升级"的对立面，强调有理有据的"平价"，是一种追求性价比、选我所需的体现。从某种角度上说，这与"消费升级"更像是殊途同归。

14. 给消费者"找事做"的咖啡馆

啡姐看过一部短篇小说，阿乙的《先知》。在小说中，阿乙脑洞大开刻画了一个“疯狂者”“与时间对砍”的惊悚情节——“人类并不只是在没事可干的情况下才‘杀时间’，人类随时都在‘杀时间’。‘杀时间’这种行为贯穿了所有的生命和所有的历史，是人类存在的本质，是元行为。”

那么，什么样的咖啡馆能有效地“杀时间”？

都说翻台率低是咖啡馆经营的一大痛点，其实仔细想想，这更像一个伪命题——不少咖啡馆的客流量，远远达不到可以谈“翻”的程度。

于是乎，咖啡馆不断有新的尝试，比如抓住“饭点儿”，牛排、比萨、春卷、盖饭齐上阵，想尽办法提高客单价；也有在商业模式上做文章的，比如外送 O2O，配合目标群体的消费场景，成为一种短时间的调剂。

除此以外，其实还有这么一些咖啡馆：它们希望通过“+模式”占有你一大块时间，又有足够自信能让你在“杀时间”上有事可做。

01 +洗衣房：What？这么快就洗完了

在啡姐“不想做的家务清单”上，洗衣服以毫无悬念的优势高居榜首——即使有洗衣机。

▲ 空间上与用餐区有所相隔，可以同时进行又互不干扰

台北市一家咖啡馆 Wash Coffee 似乎听见了啡姐的呼唤。在 133 平方米的空间内，Wash Coffee 放置了一整排大型滚筒洗衣机。是的，不是摆设，是真真正正能洗衣服的那种。

把家务和享受食物结合的点子是不错，而消费者买不买账，关键可能要看产品是不是过硬。据了解，店主远赴法国，花了很多时间学习传统法式糕点制作，每日随机供应的甜点普遍很受欢迎。

▲ 店内的甜点很受欢迎

“周末一起去那家店洗衣服吧，它家甜点不错哦。”或许不久以后，你就会收到闺蜜这样的邀约。

02 + 健身房：不喝咖啡哪有力气减肥

这个健身房与咖啡馆的组合，坐标上海，来自有过减肥经历的人士都熟悉的郑多燕。

仿佛忽然一下子，身边健身爱好者越来越多，大大小小的健身房、社交网络上的人鱼线、手机上各种日程计划表 App，啡姐有种“再不健身就完蛋了”的感觉。

话说回来，如何让“吃和健身”两不误，郑姐姐的咖啡馆确实找到了痛点。

①消费者越来越理性，对健身课程专业度有高要求；

②提供减脂套餐，把健身中“无压力”饮食的问题一站式解决。

况且，郑多燕在国内粉丝众多，本身就是一个强大的 IP。

反正啡姐是觉得，这样一个健身咖啡馆开在家附近，估计自己很难摆脱“动吃动吃动吃”的终极无限循环，只能乖乖上交钱包。

03 + 修理铺：修理物品，还有心灵

“东西坏了就直接买个新的”，现代都市生活中，“修补”这件事似乎快要被遗忘了。

现在，一种新形式的咖啡馆开始风靡，并已在全球开了 400 多家店，这就是以修理为主打的 Repair Cafe。

每周固定时间，Repair Cafe 会邀请修理师傅前来咖啡馆坐镇，顾客可以把自己家里坏掉的物品拿来维修，顺便和师傅讨教手艺，聊聊人生。这些修理师傅来自于各行各业，免费向公众提供服务。

通过修理这件怀旧范儿爆棚的事情，与师傅、邻居们一起追忆旧时光，让 Repair Cafe 成了社区交流的中心，无论对高年龄层的爷爷奶奶，还是喜欢新奇的小朋友，都具备十足的吸引力。

04 + 农场商店：喝着咖啡买着菜

在伦敦，有一个身份“复杂”的经营场所——集咖啡厅、餐厅、面包店、农场商店于一身。

这家叫做 Daylesford Organic Cafe 的店，不仅为顾客提供三餐及下午茶，还在为他们之后更健康的饮食做打算——供应有机蔬菜和水果让你买回家去。

一边品味着咖啡、一边挑选着看上去就生机勃勃的新鲜蔬果，健康

食品杂货店看起来是个值得期待的生意，很直观地满足了消费者潜在的需求。

不过啡姐要提醒一下，在国内市场，把买菜和咖啡结合起来还是需要勇气的，尽管前者是个刚需。

05 + 油画室：谁说吃货不能美如画

周末除了郊游、看电影、宅在家，还能做什么？对一部分人来说，这或许是仅次于“今天吃什么”的世纪难题了。

在一些大城市，开始有这样的下午茶小馆，为你提供了一个更有情调和谈资，能陶冶情操的选项——画一幅油画。

画一幅画一般以三四个小时为限定时间，由商家提供全程所需专业工具及颜料，即使零基础也不要紧，有专业老师指导修改，完成的画作还可以自行带走。

什么是体验感与参与感？想方设法给消费者“找事儿做”啊！都这年头了，为什么一定要让顾客在咖啡馆“发呆”呢？

Chapter
3

第三章

产品——饮品店，卖什么

1.咖啡馆如何加餐

无论分量、摆盘、食用方式如何不同，餐食都有以咖啡佐餐的形态存在。

近几年，咖啡行业突然刮起了一股“加餐风”，从连锁大咖到独立咖啡馆都在干这个事情。这股风起得有点“邪乎”，毫无预料地就来了。

为什么咖啡经营者们突然进行了这么一次不约而同的尝试？这个行业到了“不加餐就不能活”的阶段了吗？

01 看：咖啡馆加餐，是咖啡行业新趋势吗

或许是吃货群体的力量过于强大，咖啡馆巨头们近来都纷纷“明目张胆”地推出餐品了。

2017年7月，星巴克的“焕新食”项目一口气推出38款餐食。

延伸阅读

《星巴克启动餐品革命：一口气推出38款餐食，其中包括意大利面！》，详见微信公众号“咖门”。

虽然面包甜品仍占大多数，但依然掩盖不了“高达芝士火腿三明治”“番茄培根蝴蝶意面”这种可以称得上“咖餐厅代言人”食物的光芒。

对了，江浙沪地区的星巴克还特别贴心地推出了“东坡肉溏心蛋三明治”。

而同年10月10日，太平洋咖啡也在其公众号的推送中，宣传了自己的西式简餐，看上去主打工作餐概念，品类有帕尼尼、华夫饼……以及……嗯……比萨，而且一推就是三款！

在啡姐的印象中，很多独立咖啡馆都是谈餐色变：“咖啡馆追求的是一

种格调气质，怎么能加饭加菜？”

实际上，很多有一定知名度的连锁咖啡馆都带有餐品，比如，商务套餐风靡一时的上岛咖啡厅；比如，文艺范十足的雕刻时光；比如，把咖啡和餐品大大方方融合的花舍咖餐厅。

02 评：只是“加了餐”这么简单吗

当然，加不加餐不是脑子一热就能决定的。夸张点说，这个问题关乎咖啡馆的生死。

（1）不加餐——“饿死”

国内市场，咖啡需求量摆在那里，粥多僧少，以目前的消费观念和消费频次，纯靠咖啡来养活一家咖啡馆有多艰辛，开咖啡馆的都知道。

加餐看上去是一个无奈的选择，但它的优点确实就摆在那儿——很直观地丰富了经营时段、提高客单价，也存在增加客流量的机会。

（2）加餐——“尴尬死”

啡姐听过咖啡馆有种死法叫“加餐死”。怎么讲？通常选择到咖啡馆坐一下午的人，多数还是奔着环境体验去的，厨房飘出的油烟气，把客人熏跑了怎么办？

咖评

厨房跑出来的油烟和气味，本身和咖啡馆的调性就是违和的。

另外，“咖啡馆里卖饭”，环境不搭、气氛也不对，原本好喝的咖啡也让人觉得不伦不类，显得不够专业。

还有咖啡馆老板心理这一关——总觉得在咖啡馆这样一个文艺、有调性的地方卖饭太“跌份儿”了吧？

可是与咖啡馆不到半年就关门大吉比起来，哪个看起来更“心塞”呢？

放下架子开始多样化的经营，不约束咖啡馆的模样，这称不上什么新突破，但有一个开放性的态度，做更多商业上的尝试，不是也不错吗？

星巴克 CFO 斯科特·莫在关于星巴克持续盈利秘诀的演讲中提到的“创造新的消费场景”就是要增加早午餐。

当连锁巨头开始大张旗鼓地在餐品上做文章时，你真的觉得它们就不时尚了？

03 议：这个餐该怎么加才算聪明

当然了，自己的店最终要不要加餐肯定不是由巨头这个风向标决定的，但是关于加餐这个技术问题，啡姐有几点建议。

（1）产品要有新意

牛排、焗饭、比萨、意面……这些是很多咖啡馆加餐的选择。当然，更“独特”一些的鱼香肉丝盖饭和炸春卷就不提了……

这些大众接受程度比较高的餐品不是不好，问题在难以做出特色，无法让顾客形成记忆点。

前文提到过的社区咖啡馆，美女店主加餐前特意带着厨师到北上广等复合式咖啡馆、轻食馆吃了一圈儿，反复研究琢磨后，推出了自己咖啡馆的餐品：沙拉和三明治。这一方面，在保证品质口感的前提下，操作相对简便，最大可能提高了厨房利用率；同时“轻食”的属性，又和社区咖啡馆的调性相契合，也减缓了油烟问题。

▲和咖啡馆气质协调的餐食倒是不错的创新

（2）做好成本控制

加餐之前要想清楚了，这可不只是多一道菜的问题。

细究起来，餐和饮毕竟品类不同，加了餐就需要一套和咖啡厅完全不同的班底。

比如，加一道牛排，首先就得考虑操作间是否要独立，多大面积才够用？找什么样的大厨合适？从什么渠道买牛肉？设备怎么置办？……一套投入下来，不知道卖多久的餐才能捞回成本。

如果你本身有私家大厨之能，可以试试在单一品类上做出些差异化与专属感，一碗菌菇面或鲑鱼饭，或许就能为你的咖啡馆贴上一道另类的标签。

（3）打造“餐”的专属时段

3W咖啡也是咖啡馆加餐做得风生水起的代表，其在深圳湾的旗舰店，午餐时段提供减脂增肌沙拉、现做汉堡、原只椰子炖汤等餐品。

品类选择上，抓住了高新技术从业者的痒点——他们需要快速、新鲜、健康、不与“××快餐”雷同，还有那么一点调性的餐品。

与3W咖啡一街之隔的Teabank，也在自己“茶空间2.0”的探索中推出了餐食，只在饭点儿供应餐食、划分专属用餐区域，甚至还启用了另一套班底负责餐食这一板块的运营。

这在丰富经营时段的同时，又尽可能地不干扰具有文化气息的空间格调。

（4）分清主次

尽管星巴克一口气推出了38款餐食，但它们在呈现方式上是谨慎而精妙的——它们不会干扰到咖啡的地位。

想象一下，这样一个展柜在星巴克那么大的空间里能有多显眼?

无论分量、摆盘，还是食用方式如何不同，餐食都有以咖啡佐餐的形态存在。咖啡永远是一家咖啡馆抓取顾客心智的核心产品。目前，星巴克成功做出了表率。

对独立咖啡馆而言，即使餐食给你带来了相当不错的收益，也请时刻记得，你仍是一家咖啡馆。

2. 咖啡馆跨界经济学：印上LOGO，啥都能卖吗

在星巴克西雅图的周边商品门店Starbucks Coffee Gear Store，有不少直接打上星巴克LOGO的周边产品。这是个在咖啡馆分量不算大甚至常被忽视，却很容易贡献营业额的存在——咖啡馆推出的周边产品。

咖啡馆周边产品展柜，把东西卖出去的同时，也承担着呈现品牌概念

的重要功能。

本节内容为你提供3个不同类型的咖啡馆卖周边产品的思路，参考一下，你店里的周边产品究竟应该卖什么？

本节内容由“咖门”特约作者二马撰写。

01 星巴克：用“LOGO绿”刷品牌存在感

对已经有影响力的品牌来说，卖周边，其实就是在“卖LOGO”。

在星巴克西雅图的周边商品门店Starbucks Coffee Gear Store，有不少直接打上星巴克LOGO的周边产品。这家门店在周一至周五的工作时间开门，虽然是设在总部大楼内部，它也面向公众开放。店内销售的产品包括绒线帽鸭舌帽、T恤衫、毛绒玩具、圆珠笔、钥匙扣等。

除了基本都会出现的Starbucks字样，这些周边产品最醒目的，是使用了识别度相当高的星巴克“LOGO绿”。想一想，其实如今很多人都已经能一眼识别“星巴克绿”了，如果继续借颜色来传播自己，必定很有效果。与此同时，这些周边产品覆盖了生活的方方面面，大概这也是星巴克想说的：“要在任何时刻想到我哦！”

很显然，消费者买这些“颜值”并不算高、性价比也未必有竞争力的周边产品，更多的是出于对星巴克的追捧，而一旦消费者将这些产品带出去并使用，就又是对星巴克的新一轮营销，这是品牌势能间的相互影响。

02 树墩城：用“艺术”打造文艺气质咖啡

在卖周边这件事上，如果说星巴克是一个普通青年，那么和品牌特性相匹配的，名列美国精品咖啡头名的树墩城推出的周边产品，风格更像个文艺青年，他的大部分产品都充满了文艺气息。

▲把 LOGO 艺术化的杯子，也在倾向文艺

虽然树墩城也会用 LOGO 色的棕色体现存在感，但它的周边商品还是围绕着咖啡来设计的。

比如，一套售价 185 美元（约人民币 1270 元）的组合装，带有两个设计感强烈的树墩城瓷杯子、一个迷你型 Porlex 磨豆机、一台爱乐亚、一个手提包和一袋咖啡豆。迷你又可爱的组合装对文艺青年充满了诱惑。

▲咖啡馆都爱的帆布袋

另外，树墩城展示 LOGO 的方式也相对有艺术感，就算出现大 LOGO 也是美化了一番的。

在目前销售的周边商品中，唯一一个跟咖啡关系不那么紧密的可能就是这个帆布袋了，这也是迎合文艺特色吧。

03 Seesaw Coffee：借助大品牌的消费势能

对于知名度还不够的品牌，通过“蹭大牌”做周边，是增加品牌势能的好方式。

成立五年的 Seesaw Coffee 就会推一些跟咖啡相关的产品，其最大的特点是选择和成熟的品牌合作，然后打上自己的 LOGO。在周边产品的配色上，它也遵循了使用 LOGO 配色的宗旨，都是黑白灰这些淡雅的风格。

比如，它的冰滴咖啡礼盒内含一只日本 iwaki 冰滴壶，iwaki 是一家于1976 年成立的老牌餐具、厨具公司。

咖评

和老牌合作，也是相互汲取能量。

随行杯合作的品牌就更有名一些了，是澳大利亚的 Keep Cup，如今已经成了国内咖啡圈的网红产品。而不锈钢保温保冷壶更是直接和大多数人入门精品咖啡时就了解的日本品牌 Hario 合作的。

从效果上来说，在成熟品牌的带动下，Seesaw Coffee 这些周边产品也具备了更强的消费驱动力，是普及咖啡、推广自己的不错手段。

04 咖啡馆卖周边产品的基本思路

综上所述，不难看出咖啡馆卖周边产品的基本思路：成熟的大牌“卖LOGO”，文艺的品牌“卖情怀”，崭新的品牌“蹭大牌”。

对大部分咖啡馆而言，在店里卖周边产品是常态：普通版的卖杯子、咖啡机、咖啡豆等，一切围绕咖啡；进阶版的有笔记本、帆布袋甚至相关课程，只要与咖啡馆调性不违和的，都会有店来搞一搞；再高级的可能是店主自己的摄影作品、画作等，多以艺术类产品为主。

风格上与咖啡馆调性不违和，“颜值”、功能或品牌属性至少有一项对得起价格，这样咖啡馆出品的周边产品不会难卖。一如上面几个案例，只要匹配咖啡馆定位，还可以开发更多项目和功能。

3. 跨界的风险：新增一道牛排，搞垮一家咖啡馆

跨界在咖啡行业屡见不鲜，大伙儿也都乐此不疲地尝试。

但热闹过后呢？

对一家传统咖啡馆来说，玩跨界真的赚钱吗？

咖 sir 之前跟一个咖啡馆的老板聊天。

“本来每天下午上座率都不错，但一到晚餐时间，一大半人都走了。”

“加餐啊，既能让客人待更长的时间，又能增加边际效益。牛排等简餐，别那么多油烟就好嘛。”这也是咖 sir 经常对那些寻求转型的咖啡馆提供的浅薄建议。

他吸一口烟，皱紧眉头：“没那么简单。知道吗，咖啡馆有种死法叫‘加餐死’。”

这种说法让咖 sir 有点诧异。毕竟市面上，用“咖啡”这个 IP 混搭、跨界，早就不是什么“新鲜萝卜皮”。包子、保健品、中药老字号，甚至是爱马仕、古驰等超级大牌，都跟咖啡玩起了“捆绑游戏”。相应的，也有越来越多的咖啡馆，选择了嫁接西餐、酒水、书籍等其他品类。

虽然各自心怀鬼胎，但道理是相通的：通过跨界，完成两个品类的客群嫁接，营造更广阔的消费场景，提升市场竞争力。

咖啡跨界，热闹非凡，屡试不爽。

但对一家传统意义上的咖啡馆来说，玩跨界，真的会赚钱吗？

01 咖啡跨界了，那客群呢

咖啡馆里增加西餐，二者都是舶来品，看上去挺自然。仿佛既留住了喝咖啡的顾客，还吸引了对牛排等西餐感兴趣的客群。但实际上呢？

通常来说，选择到咖啡馆坐一下午的人，最大的需求就是咖啡馆的环境；选择吃西餐的人，需求的则更多的是仪式感。你无形中赶走了那些喜欢纯粹环境的熟客，甚至连老板自己都觉得加餐“玷污”了咖啡厅的气质；而同时，想吃西餐的客群，又觉得你品类不全，做得不够专业。

你此时的核心客户，变成了对这两方面需求有交集的客群——否则，他会去更不食人间烟火的咖啡馆喝咖啡，或去更有格调的西餐厅就餐。

既然是交集，就意味着增加牛排后的客群，并没有扩大，反而变窄了。

连气质和咖啡如此搭配的牛排尚且如此，就更别提咖啡馆里卖衣服等“奇葩”的跨界了。

02 只是增加一道牛排那么简单吗

增加一道牛排并不简单。相信加过餐的咖啡馆主都有体会：往小了说是加了一道菜，往大了说，这是新增了一个品类、一套人马，意味着人力、房租、原料、设备等更多的成本投入。

你的咖啡豆供应商会给你供应牛肉吗？吧台那个拉花漂亮的咖啡师做过厨师吗？你的三头 Slayer 咖啡机，能煎牛排吗？店面太小，似乎也搞不出“高大上”的西餐环境吧？

所以，增加一道牛排后，有没有感到头顶上的“三座大山”更大了？

这还是假设你有同时经营两个品类的天赋——毕竟，卖牛排和卖咖啡不是一回事儿。当然，对资本雄厚的连锁咖啡馆来说，这些成本通过标准化、规模化摊薄后，也许并不是什么难题。但对传统的个体咖啡馆老板而言，终归是暗藏风险。

03 叫好还是叫座

跨界经营要明白：哪些是用来扬名的，哪些是用来赚钱的。

对著名的安利和老字号胡庆余堂等品牌来说，跨界引入咖啡，只是个流量入口和提升品牌的手段。咖啡对它们来说，挣不挣钱并不重要，它们设计的丰厚利润，在保健品中，在中草药里。

但咖啡馆增加一道牛排，看似简单的问题，却需要一番精细考量：你是想通过这道牛排延长顾客的停留时间，以期卖出更多的咖啡？还是看好牛排的高客单，希望以此谋利？它是负责叫好，还是负责叫座？这道牛排带来的收益，能否抵消为它额外付出的成本？

所以，把这些问题进行数据量化后，再来决定你的咖啡馆是不是真的要增加一道牛排呢。

4. 借助供应链做产品设计

在供应链上研发新品的终极方法，是自己深度参与到上游供应链上来。

新式茶饮这个概念，“咖门”是在2016年提出来的，之后短短一年多的时间，就已经成为行业里最流行的词汇。

那么，新式茶饮“新”在哪儿？又火在何处？最直观的就是产品了。可以说，在茶饮行业目前所处的阶段，产品竞争力往往决定了茶饮品牌的行业地位。

这一节我们就来聊聊，一个很重要的产品研发的路径——如何利用供应链，提升产品竞争力。

在这里，我抛砖引玉，提出几个方法。

01 在供应链上找产品灵感

在2016年年底，我去参加德克士在昆明举办的年会。我们向德克士的CEO苏明瑞提了这样一个问题：德克士新品研发的“灵感”从哪儿来？

苏明瑞做了很详细的解答：“从供应链上来。”

通常，供应链的上游会较早对市场趋势做出反应，因此，关注原料端的产业趋势，或许就能获取一些新品的灵感。

至于如何获取这样的信息，苏明瑞说，一方面看你跟供应商的沟通是否深入，另一方面就需要你认真做功课，随时关注行业变化。当然，随时关注“隔壁老王家”的菜单有啥变化，也是很有必要的。

> **咖评**
>
> 饮品行业里不是有句话吗：这是许多人的原创。

这看上去是一种偷懒的办法。但是要知道，任何一款新品，从研发设计到最后上市，都需要经过一系列的测试和考量，需要综合考虑食品安全、口味、操作、成本、利润、稳定供货等诸多因素。所以，对任何一个品牌来说，产品创新都是一个难度很大的工作。

推出与主产品方向没有直接关联的新品，意味着要搭建新的供应链条，寻找新的供应商，制作新的操作流程。所以，从供应链上找灵感，是一个很实用的办法。实际上，一个产品的火爆，很多时候取决于供应链。

比如水果茶的兴起，都是由供应链先发力。再比如羊肉火锅、羊肉串近几年特别火，是因为近年来上游羊肉的供应特别的优质充足。

02 利用市场红利，低成本研发配方

传统的茶饮配方，大都是自己研发或者借鉴别人家的配方。有的供应商也会提供一些配方，但通常来说那都是大路货，价值比较低。

之前我提到过，新式茶饮这一波升级，市场的强势表现倒逼着供应链的变革。一批新的茶叶供应商应运而生。它们天生就是为新式茶饮而生，更优质的产品、更市场化的价格，打破了传统茶商纺锤形的供应体系。

它们市场化的表现之一，就是更有针对性地为茶饮品牌提供产品研发的参考。我接触过一家叫逅唐茶业的茶商，其甚至有专业的产品研发团队，为它的下游客户提供更专业的、独家的产品配方研发支持。

延伸阅读

《专访 | 3年，一家失败的茶饮店》，详见微信公众号“咖门”。

如何成长为风口中的“新茶商”？

这就是这个阶段，新式茶饮的红利之一。市场溢价空间变大了以后，很多服务的质量都提升了，这是行业升级带来的一个红利期，茶饮品牌可以好好地去利用。

03 独家定制，自主研发

这就不得不说到行业的抄袭现象了。在餐饮行业，饮品的毛利率是最高的，也是被抄袭得最厉害的。抄 LOGO、抄产品、抄装修，甚至连

Slogan 也要抄，可以说是特别的“丧心病狂”。

因为茶饮壁垒太低了，抄袭成本很低。上游传统供应体系几乎是透明的，产品在原材料上几乎是零壁垒的。跳不出传统供应体系的束缚，产品的竞争门槛注定很低，同质化很严重。

所以，一些新生代品牌，在提升溢价空间后，开始自己研发产品。比如喜茶的拳头产品金凤茶王，属于独家原创，它从上游就开始做拼配、做定制，同时，它还跟供应商签订保密合同。再比如茶啡茶，研发自己的明星产品红茶卡布，耗费了数十万元的投入。

这些品牌通过独家定制、自主研发出一些差异化明显的明星产品，建立自己的核心产品壁垒。很多品牌都用的是这种方法。

04 深度参与供应链、生态链

在供应链上研发新品的终极方法，是自己深度参与到上游供应链上来。

一些品牌正在这么做，比如快乐柠檬、蜜雪冰城、古茗等，一般都是在行业里沉淀了多年的品牌。

5. 水果茶火了，但它是趋势吗？如何判断一款产品的趋势

首先要说，这个问题咖 sir 给不了答案。但按照本节内容的思路，很多品牌是有能力得到答案的。

古语说：“练拳不练功，到头一场空。”对新式茶饮这个品类来说，对

新产品趋势规律的研究，是企业要修炼的基本功。

这节中要介绍一个判断产品趋势的工具：数据——现象——趋势。

判断一个产品的流行，究竟是烟花易冷，还是大浪随后？分析工具用得好，在研发上就可以有一些接近本质的判断。

本节内容由“咖门”特约作者起云撰写。

01 这是很多人的原创

人们常说，领先两步是先烈，领先一步是先驱，领先半步是天才。

2015 年，肯德基新推出了“伴柠伴桔”的果饮。

那时我初入行，以为这就是肯德基的原创。

后来，我听到餐饮业有一个说法：“挖麦当劳的人管理门店，挖肯德基的人搞产品研发，挖星巴克的人做企业文化。”这让我很好奇，我一直想探秘肯德基是如何搞产品研发和创新的。后来，我发现很多地方早就有了果饮。

2016 年夏天，我在“最新版”的“小肥羊”，看到了现摘现吃的“蘑菇”，惊为创新。但是几天之后，我在 ×× 火锅也看到了类似的产品。

我忍不住问：“这是谁的原创？”

朋友说：“这是很多人的原创。”

茶饮行业的抄袭现象，是非常严重的。

“没有大哥、只有小弟”的江湖，相互之间抄一抄，是行业阶段性的问题，除了骂一骂，也无法避免。但是，低质量的抄袭，是很浪费行业资源的。一个产品出来，大家一拥而上。成本还没收回，产品已经过气了。这在某种程度上，也造成了行业的徘徊和停滞。要抄，也要像大品牌那样，瞧准了趋势认定了产品，搞搞微创新嘛。

遗憾的是，在公司化的道路上，新式茶饮行业才刚刚起步。所以，高质量抄袭的机会也变得微乎其微。

所以，练拳之余，还是多练练功吧！

02 从行业趋势里借力找新品

2016年年底，云南昆明，在德克士年会上，德克士CEO苏明瑞讲述产品创新时，提到了“鲜萃柠檬饮”。这对于德克士是一次创新。但是放到行业里看，比“伴柠伴桔”晚了一年半。

我就很好奇，于是特地问了苏明瑞：“新品研发的‘灵感’从哪来？”

这个问题里，我埋伏了以下几个方向。

灵感是自我创新，还是借鉴市场？

创新是无中生有，还是做大趋势？

创新需要做哪些调研？

如何确定一个产品未来的空间？

我问这个问题是有原因的。规模越大的企业，创新的成本越大。

而苏明瑞很详细地做了解答：“从行业趋势里借力找新品。”他说，“任何一款新品，从研发设计到最后上市，都需要经过一系列的测试和考量，需要综合考虑食品安全、口味、操作、成本、利润、稳定供货等诸多因素。”

对德克士来说，创新是一个难度很大的工作。推出与主产品方向没有直接关联的新品，意味着要搭建新的供应链条，寻找新的供应商，制作新的操作流程，对灵感的要求就更高了。至于创新的灵感来自何处？通常，供应链的上游会较早地对市场趋势做出反应，因此，关注食材端的产业趋势，或许就能获取一些新品的灵感。

咖评

代替奶和茶结合的水果配茶，是对食材选择的转变和认可。

苏明瑞说："至于如何获取这样的信息，一方面看你跟供应商的沟通是否深入，另一方面就需要你认真做功课，随时关注行业变化。当然，随时关注"隔壁老王家"的菜单有啥变化也是很有必要的。"

这就是大品牌的"红利"，它们搞一搞"微创新"，跟上趋势，通过规模优势、品牌优势变成产品优势。

03 数据—现象—趋势

然而，对于众多非大品牌，如何抓住市场的机会？如何在乱象里面看到商机？

这个问题我问了很多人。有人说，你需要深入了解行业；有人说，你需要多年的积累；有人说，你需要"跟风"，领先半步；还有人说，这需要天赋。这些答案我都不满意。

所谓的天赋，本质上都是对经验的神化。而真正的经验，都是对规律的洞察。自然，经验都不是凭空产生的，我想要的，就是如何洞察规律。

终于，一位餐饮人跟我分享了他预测产品未来的方法。

他首先强调：实力打不过趋势。不管大品牌还是小品牌，跟趋势对着干，都是找死。但是，有些趋势看起来是真的，事实上有可能是假的。如何区分趋势是"真趋势"还是"假趋势"？他给出了一个分析工具：数据—现象—趋势。

数据统计显示，1985—2015 年这 30 年时间里，中国禽肉消费量占比增长至了 21%。在这个增长中，成就了麦当劳、肯德基。

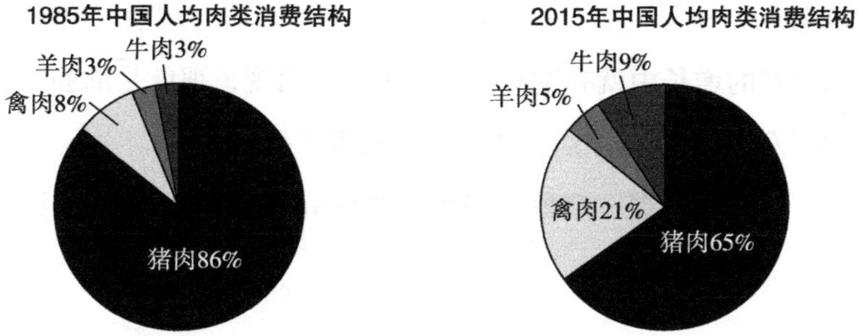

Per Capita Meat Protein Consumption
中国人均肉类消费数量变化1985-2015

▲过去 30 年，中国人均肉类消费变化

同样，根据这个逻辑。他预测牛肉将在未来成为新的增长空间。

因为截至 2014 年，中国人年均牛肉消费量仅为 5.2 公斤，仅为世界平均水平的 60%，相当于美国人均消费量的七分之一。

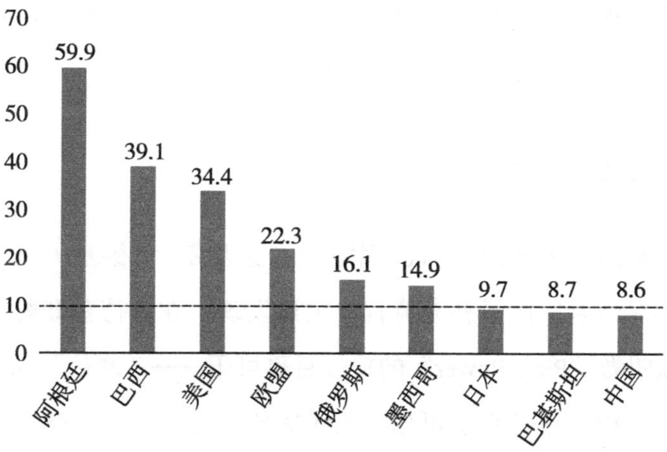

▲根据差异数据进行推测

按照经济发展程度和牛肉消费的比例。牛肉消费在中国未来的增长，一定是充满巨大空间的。但是，如何看是不是真的存在这个空间呢？

这位老板又分享了另一个重要指示——看有没有“现象”出现。

牛肉消费的增长中就有这样一个“现象”出现，那就是潮汕牛肉火锅，用两年时间发展了4000家店，成了一个火锅新品类。

因此，按照“数据—现象—趋势”的分析逻辑，牛肉是有巨大增长空间的。

6. 引爆新品要回答的五个问题

肯德基与百事合作的一款粉红色可乐上市时有点“网红”。而更红的是其与彩妆品牌跨界推出的“口红礼盒”，在天猫28分钟售卖突破1万套。

眼看着这样的一线餐饮品牌新品推得风生水起，自己的小店又如何才能把新品卖出效果？你要先想清楚这5个问题。

01 肯德基推口红了吗

这天，啡姐正准备进行自己固定的“麦当劳/肯德基+星巴克，工作日写稿7小时组合”能量补充流程。突然发现，在肯德基套餐里，可以组合搭配一款叫做“Pink Power”的粉红百事可乐——“颜值”确实不错。顾名思义，就是粉红色的百事可乐，为了完成“喝遍所有口味饮料”的人生成就进度，啡姐果断尝试。暂且不说味道，至少看上去粉粉嫩嫩，俨然一副“夏日高颜值自拍必备道具”的模样。

据了解，这是百事可乐第一次在中国市场推出这样的产品，肯德基独家限量发售，粉酷粉酷的。而更夸张的是，不仅有“粉红的可乐”，肯德基竟然还推出一款“口红礼盒”。在彩妆品牌跨界餐饮（尤其是咖啡馆）成为日常的时候，这次餐饮终于要逆袭了？

实际上，这是肯德基与国内时尚彩妆品牌玛丽黛佳的一次跨界合作，也借机好好宣传了一下自己的草莓冰淇淋产品。这套包含了唇膏、个性小包、钥匙扣、冰淇淋券的彩妆套盒，在天猫玛丽黛佳旗舰店进行发售。据了解，该限量套盒开卖28分钟销量就突破1万套，次日突破2万套。活动三天内，玛丽黛佳天猫旗舰店销售额高达1250万元。在美妆圈儿和美食圈儿都引发了大量关注。

这场新品推出活动，本身涵盖了周边（延展）、限定（稀缺）、跨界（新鲜）等多个营销要素，不同领域的两个强势品牌合作，实现了双方客户资源的有效共享，放大了商业价值。

而从价格维度上看，门槛不算高，形成的话题点又得以在社交网络上持续发酵——有网友表示，看这满满的少女感，肯德基是恋爱了吗？并且对肯德基下一步的动作充满期待，比如要不要推出一款番茄酱色号的口红？这样的脑洞继续开下去，什么嫩牛五色修容盘、吮指原味粉饼、九珍液体腮红……还会远吗？

02 推新品前，想想清楚这五个问题

然而，对一些饮品店和咖啡馆来说，推新品是一件头疼的事情。可以顺序想想清楚下面五个问题。

（1）要不要推

不推吧，街对面、路旁边的竞争对手都在出新品，自己不跟进就容易被顾客遗忘在角落。推吧，没有大品牌的关注度，折腾不出来什么大动静，往往是花了功夫，新品出来不到两星期，一切就平静得像什么都没发生过。

关键是费尽心思，也可能没有用。

在消费者需求越来越难以琢磨的今天，“推新品”就像一把双刃剑，可能让你在激烈的竞争中提升市场占有率，也可能让你经历了漫长的市场培育期，最后为他人做了嫁衣。严重些说，甚至可能影响店面的生存。“推不推”这个前置问题的重要程度就更加突显了，需要首先思考清楚。

（2）为什么推

推新品是需要新增成本的，当你决定要出新品时，就要明确新品所承担的功能：是为了吸引更多的客流？还是为了提高客单价？或者配合店面进行一次微妙的产品涨价？

即使你苦心研发或是费力找到一个口味很好的配方，也不应让它成为你推新品的单一出发点，结合自己的需求进行有针对性的市场调研是有必要的。

（3）推什么

如果一款产品由你自主研发且尚无先例，或许有机会成为一种长盛不衰的现象级产品，比如曾经的珍珠奶茶，比如如今火到不行的奶盖茶。

然而需要注意的是，虽然今天消费者需求越来越细分，柠檬、芒果、柚子都能通过仿佛支撑起一套产品线，大家普遍说定位要追逐品类之王，但这种机会仍是可遇而不可求的，并且需要强大的研发实力与对整个饮品行业风潮的把握作为支持，投入大，风险大。能结合季节做好一款就不错了。

相对的“概念新品”，一般来讲是对产品进行微调，比如结合季节、节日、热点、新鲜食材等元素，在原有产品基础上对其进行新的呈现。

这是表达品牌活力的常用方法，提升老顾客的回头率，并让你的目标消费者看到，你的品牌具有常变常新的能力。

（4）怎么推

这是个系统而庞大的方法论问题，这里不做展开。简单来说：起个好名字、围绕好概念、提炼好卖点、把握好节奏。

能体现亮点的维度有多种，尽量兼顾，并突出你最擅长的。

比如，推出小茗同学系列茶饮的统一企业，很擅长在包装上做文章，种种新近的产品系列，包装的质感和表现力都可圈可点。消费者在商超饮料区的货架上，一眼就能看见，实际、直观。独特的外形包装，是容易在货架上脱颖而出的。

星巴克推新品的时间线和节奏把控是教科书般的。尤其在夏季，基本上是你刚刚尝试过了新推的所有口味，正准备点回“本命饮品”，结果“噌噌噌”又出了新品——让你的选项中一直保持有“自己喜爱的”和“新鲜尝试的”，增加顾客黏性。

喜茶推新品也很有特点，单品限时爆款的属性突出，几乎是一次一款，紧扣“应季新鲜”，又常常赋予其感性的概念，没有过于繁复的原料需求，集中发力，记忆点与焦点都很足。比如为夏天推出的冷泡茶，突出限时单款，“颜值”高，配合产品推出杯子，也让人好感倍增。

（5）在哪推

如果说前面做的是“营”的功夫，那么变现的关键则在“销”上，你的新品要想卖得出去，在哪儿推就很重要。

还以肯德基与玛丽黛佳的合作限量套盒为例，双方不仅在月初的草莓音乐节上打造了线下 Pink Cool 快闪店，还邀请了网红达人直播，发动各路媒体、KOL 大号及平台传播……

而对势能相对较小的饮品店来说，没有大品牌的关注度和整体资源，至少还有门店这个有效的终端宣传渠道。海报、X 展架、灯箱、桌贴、菜单位置……配套优惠活动，多方位强化消费者记忆。其中一个关键是实际销售过程中人的作用：品牌势能强如“星爸爸”，当我站在吧台前抬头看菜单犹豫 3 秒时，尚会有伙伴推荐我可以尝试一下新品——这个互动和信息传达过程是很直接有效的。

7. 谁说咖啡馆的菜单玩不出花样

与一般餐厅的菜单不同，咖啡馆的菜单往往有一些特别的“讲究”。

菜单是用来干什么的？显示产品？标明价格？画卡通画？折纸飞机？仅仅如此，未免有些小瞧它了。

想想，顾客从迈进店门到“抹嘴走人”，决定他们愿意花多少钱的关键步骤在哪儿？当然是看菜单的时候！

那咖啡馆菜单，都能玩出什么花样？

01 别说话，先看“脸”

在这个什么都看脸的世界，菜单强调“高颜值”，至少是不会错的，“咖门”在这里收罗了一些具有设计感的咖啡馆、餐厅的菜单，先来看看“别人家的孩子”什么样。

这种吧台后方或旁边的菜单板，是咖啡馆的常见选择。

在咖啡馆出品不似餐厅那么花样繁多的情况下，一方面节省物料成本，更重要的是菜单板自带咖啡馆的气质。

关键是要注重材质的选择，比如，木材、牛皮纸、黑板，这些材质与生俱来的质感就与咖啡馆调性很契合，而喷绘广告布就不那么合适了。

用黑板画出菜单，不少咖啡馆都在这样做，创作空间更多、也易于更新。值得一提的是，用涂鸦插画艺术字展现你的美术功底没有问题，但是产品名称与价格，请千万要“清晰”，好吗？毕竟，让顾客看得明白才应该是第一诉求。

相比菜单板，纸质菜单能呈现的产品更多，“有图有真相”带来的视觉效果更直观，设计话语也更为丰富。

一些文艺的独立小馆，甚至会采用手绘菜单的方式。这能间接传达一种态度——你对自己的产品有多用心——也容易成为顾客的记忆点。

不过，这更适用于对自己客流有清晰把握、餐台不多的店面情况，手绘这种限量定制产品，自己做来毕竟耗工夫，而顾客进店后长时间看不见菜单是很可怕的。

而如果店家能将菜单与门头、背景墙甚至杯垫、纸巾、外带包装等周边设计成一个系列，简直太完美了。

02 好的菜单都注意到了这 4 点

“颜值”固然重要，但“颜值”好歹还可以咬咬牙请个设计师来做是不是？成本控制、营销宣传、收集信息……这些考验的就是咖啡馆老板自己的功夫了，而这些都可以通过菜单实现优化。

（1）分主次，“大当家”地位就是要突出

一份用力平均的菜单，看上去是不会出错，但顾客点单却很可能如同做习题，犹豫纠结不知从何下手，本身就是一种打了折扣的体验。

既然有强推产品，就不要担心它占据的地方过大。在菜单板上占据四分之一的位置或是纸质菜单的一个跨页，都不过分。

比如星巴克的菜单板就有“玄机”，一般情况下其产品分布在四块牌子

上，而星巴克从不吝啬拿其中一块专门留给当下重推产品，甚至往往以图片形式呈现。

而常态的“咖啡师推荐”也会配合主题用不同颜色来做区分，在看菜单前心中没谱的顾客，视线很容易锁定在这块“重点照顾区”。

简化顾客的决策过程，帮他们减少点单的时间成本。

当然，作为老板，首先要做的功课是，分析一下自己的产品，弄清哪些是自家真正拿手的、哪些是赚人气的、哪些是利润高的，以及哪些是与库存动态挂钩的。

因此，根据运营的不同时期与自身需求，你菜单上的“大当家”也应该常换常新。

（2）做引导，告诉顾客选什么

想让顾客心甘情愿买单，投其所好必不可少，但如何让他们知道这是自己所好？

在吃这个问题上，目前已有不少餐厅会在菜单上标明菜品中会有哪些食材、配料，甚至有关于烹饪方法的描述，辣度、甜度等相关指标也时常见到。

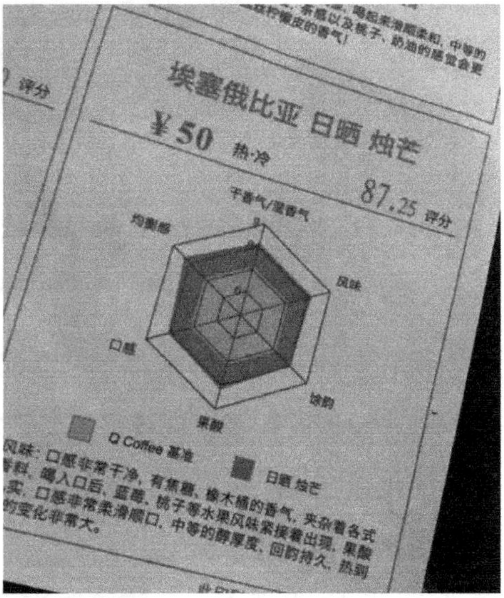

相对于解决刚需的餐厅，咖啡馆更容易让不熟悉咖啡的顾客一头雾水。与开口问可能遭白眼的尴尬相比，菜单上无须语言的介绍就贴心多了。

让顾客面对着耶加雪啡、瑰夏等一个个不熟悉的名字满脸问号，配一个漂亮的说明不是更好？

质馆咖啡上海新天地店的菜单，曾经一度成为大家讨论的话题（目前已更换）。不仅产品标注了由CQI评测的分数，甚至标有由口感、果酸、干湿香气和馀韵等指标建立的坐标系统，并用文字阐述其风味。即使从未尝试过的顾客，也能根据自己的口味迅速作出判断。

（3）讲故事，占据顾客心智

讲故事，并非指在菜单上为自己的咖啡馆写一篇小说（也不是不可以哦）。

一份菜单实际上是对一个品牌定位的表达，它时刻不忘强调的，应该是你小馆子产品最突出亮点。抓住差异化核心，并且配合你的产品，在菜单上变着戏法、不厌其烦地反复强调。

乐凯撒比萨的菜单，在不复杂的折页中，处处可见其强调榴梿比萨的相关信息。

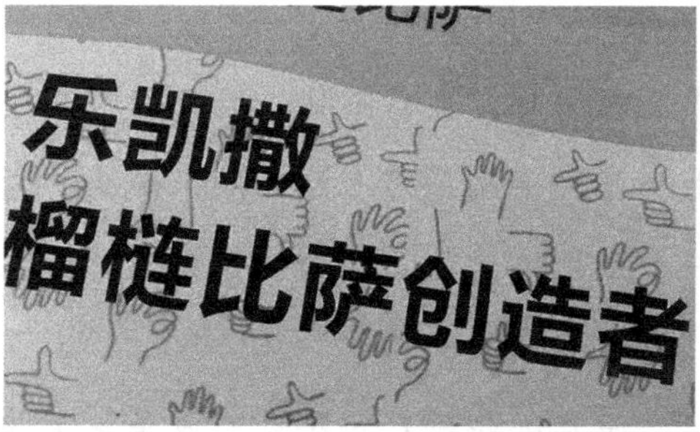

咖评

顾客翻开菜单的一刹那，在他们脑海里植入你想留下印象。

（4）抠细节，别让之前的努力都白费

一方面，无论哪种形式的菜单，保持其干净整洁、不蒙尘、不卷边、没有油渍和咖啡渍等都是很重要的事情。另一方面，根据产品变动、季节、节日活动有计划地迭代，尽可能带给顾客新鲜感，无论从丰富性还是精神面貌来说，都会为你的小馆子加分。

03 结语

咖啡馆菜单除了“本职工作”外，更是一种低成本、高效能的广告，值得好好利用。你见过的咖啡馆菜单，有什么印象深刻的？

8. 这十个问题，看看你家店的菜单上有没有

有这样一个故事：曾经有一家中高档餐馆，生意不错，后来老板为了增加收入，选了几页菜单印成展板放到店外，结果客人反而越来越少，老板百思不得其解，这是为什么呢？一个朋友告诉他，因为他家的菜单实在是太丑了……

所以，你还以为菜单就是把菜品、照片给印刷厂排个版？或是把菜单仅仅交给设计，美化加工下？

NO，NO，NO！专注餐饮菜单品牌定位设计的王小白告诉你，正是下面的这“十宗罪”，让你少卖了不少钱！

本节内容由“餐饮老板内参”菜单战略规划师王小白撰写。

01 脱离品牌定位谈菜单设计

定位，其实就是聚焦、深入你的产品（品类），是一场关于占领消费者心智的竞争。然而很多人都领会不到定位的真正意义。

我之前就说过，定位是企业第一战略！无定位、无品牌、无认知，又哪来的心智占领？人如此，企业如此，品牌如此！

咖评

找准定位是第一要义。

菜单是餐饮企业提供给顾客最直接的购买途径，即产生销售的介质，既然是销售，那么就直指营业额和利润率，怎么能够随便呢！

02 没有聚焦

如今已经过了什么都能做的时代，大而全的机会微乎其微；更何况没有集中优势和资源，都难以立足一个细分领域；不聚焦，拿什么拼？

为了说明聚焦的力量，在此我引用一个比喻：每个人都拥有各种资源，这些资源好比是太阳，而一个人的能力就是一个放大镜，市场需求就好像一张纸，如果我们不在太阳和那张纸之间做好聚焦，而是手持放大镜东晃西晃，那张纸永远也不会燃烧。

聚焦你的优势资源、你的核心产品、你的消费人群、你的品牌理念，做好各方面聚焦的一致性，才会越走越远！

03 产品结构混乱

产品结构是什么？在我看来就是主品、分类、搭配，主次分明、分类明确、搭配合理。

我们经常会看到，一张菜单上，主品与其他产品是顺序排下来的，也许主品会放在前面，但并没有突出，也没有主品对应的品牌形象化展示，主品与其他相关产品并没有实质上的心智区隔。这样，消费者选择主品的概率会降低很多，对主品的印象也会有缺失。

而分类也是一个关键，是以食材分？还是烹饪方式分？还是有所总结、创新地分？比如“三大必点”“十大精选”，或是将以辣为主的归类为“辣得喷火”……分类太多，导致顾客选择困难症；太少，似乎没菜可点。这是一个博弈，但却是根据主品和延伸产品的合理搭配而来的。

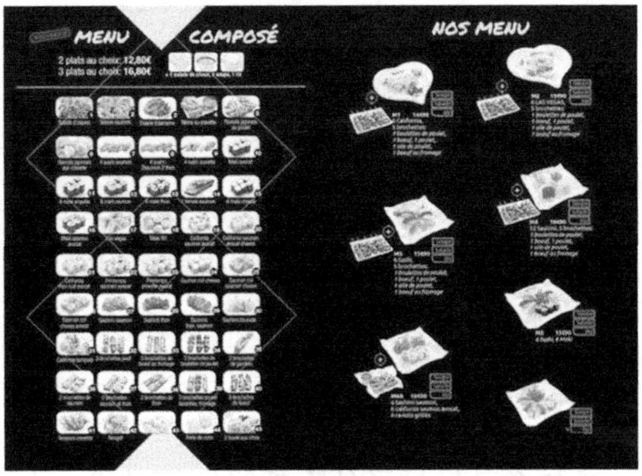

▲菜单结构设计

搭配是指选择的延伸产品和主品是否相得益彰，不能自以为是地想搭就搭。比如川菜和甜品，小吃和咖啡。

04 定价不知所以

定价首先定的是什么？是毛利率？是性价比？还是仅靠各种所谓的定价技巧？

在我看来，要在消费者和业态模型的基础上做定价。你都不知道自己的消费者是谁，他们的消费能力如何，消费心理是什么样的，又何谈定价呢？

同时，你选择做快餐、轻餐还是别的什么？你选择进购物中心还是社区等，都是不同的业态模型，不同的消费者选择，定价方案自然不可同日而语。

05 品牌不突出，形象无表达

我们经常看到，一张菜单，点完了都几乎没看到品牌名的正确露出，一顿饭，吃完了都忘了这家叫什么名字，实属可惜。

既然已经到了品牌化的时期，大家就勇敢地把自己的品牌突出，当然不是说你有个名字就叫品牌，品牌是一个长期累积势能的过程。

所以，品牌名得配合你的品牌定位，做形象化的展示，以期实现品牌理念的传递。

▲菜单要能有效地传递品牌理念

06 无品类、无广告语

“用品类来思考，用品牌去表达”，那么品类是什么？

比如乐凯撒“榴梿比萨”，杨记兴“臭鳜鱼”，这些明确的细分品类产品，就很容易在消费者心中占据更多的位置。

广告语是在明确的品类定位基础上，在品牌理念的传递中，找到差异化的定位诉求，找到更能够让消费者记住，接近消费者心智，朗朗上口、易分享、易传播的一句话。

比如，“好空调，格力造”“榴梿比萨创造者”等。

07 无品牌故事

品牌故事虽然看起来不起眼，但真得非常重要。

我就特别记住了肯德基爷爷的故事。还记住了武汉靓靓蒸虾的品牌故事，因为去年去吃的时候，不仅吃得特别有好感、有印象，还听说这家创始人为了研发他的蒸虾蘸料，在家试吃好几个月，舌头试到一度失去味觉。

我感觉这个故事让我一辈子都忘不了蒸虾蘸料的味道，这就是品牌故事的魅力，千万不可小觑哦！

08 摄影、设计的形式、风格脱离品牌调性

摄影不是自顾自地拍，而是要根据设计方案的需求；设计方案则要根据品牌定位来考虑。

设计形式是指选择做折页、传统册子还是报刊杂志风格，这些都是菜单的表现形式。

风格，就是指工业风、江户风等。

了解了你的品牌定位后，设计师才能更好地把你的品牌展示给消费者。

所以，菜单从形式到风格，不是随机、不是看自己的喜好，而是要用适合品牌调性的样式跟消费者沟通！

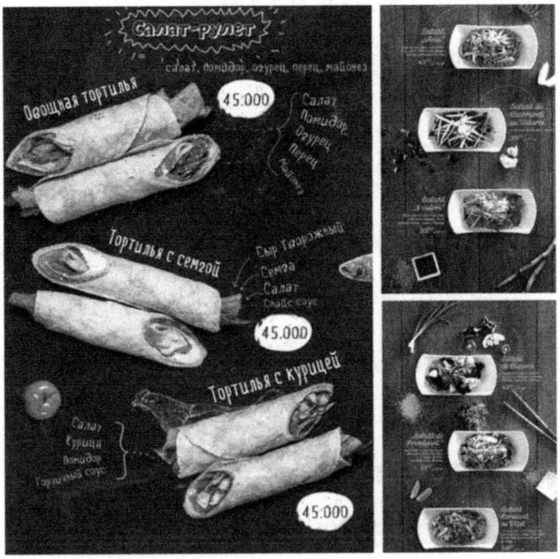

▲菜单设计风格要适合品牌的调性

09 排版无主次，无引导

菜单的排版依然很关键！

“主”就是你的主品、爆品，一定要排在最前面、显眼的地方，同时要区别于其他菜品。

“引导”就是让消费者按你要的消费逻辑来思考和选择，以期达到主品与其他菜品占总销量的理想比例。如果能差不多达到预期，这样一份菜单就是一部“引导战略图”，打持续战真得靠它哦！

10 色彩运用无章法

色彩是一门科学，也是一门很深的学问，关系心理学、生理学、美学等。

▲菜单色彩设计也可能让人产生厌恶或愉悦的感觉

在品牌传播的形式化展现上，到底怎么选择色彩？如何搭配？又如何调动消费者对品牌的正确心理感知呢？

菜单在色彩运用上的确是需要推敲的。比如蓝色是冷静、智慧的颜色，橙色是温暖、活泼的颜色，每个颜色都有它的个性和对消费者心理的影响。

不适合的色彩，会让人产生厌恶和距离感，而对的色彩，让人感到愉悦、舒适。

9. 喜茶菜单的五次迭代精简

这是高雄一家饮品店“比心胸还要宽广”的菜单，上面足足有600多种产品，不知道顾客和店员谁会先崩溃啊！“砍菜单”已经成为一种共识和潮流，但菜单该怎么砍、怎么减，才能只增利润不减客流？

以喜茶为例。其创立至今，已对菜单做过几次更新，除了版式优化，产品也从52种砍到了23种。为此，啡姐咨询了喜茶创始人聂云宸，跟他聊了聊“给菜单做减法”的思路。

01 五次菜单迭代：产品从 52 种砍到 23 种

1.0 版：“丰富”

这是喜茶早期的一份菜单（当时还叫“皇茶”）。

▲ 12 个板块，52 种产品

不同产品系列枚举和增加配料的价格说明占据了菜单的大面积空间，最下面区域还列出了门店分布及部分联系方式。甚至只有一款产品的益力多还单独列了出来。可以说，对版面的利用率还是很高的。

2.0 版：开始“划重点”

▲ 11 个板块，48 种产品，减掉了冰砂系列

2.0 版菜单的使用持续了挺长的时间，直至 2015 年下半年。与之前的

设计相比整体分布依然没变，配色略微调整，同样对比度明显。

值得注意的是，产品价格整体上调了 4~5 元。主打系列突出了“首创”，并从此前的“奶香茗茶”中提炼出独特的“日月潭茗茶”作为系列名称，比前版更为聚焦。

而整体来说，早先的这两版菜单，用力较为平均。虽然很有爱的在产品前配了图，但信息点较多，反而容易干扰举棋不定的消费者进行选择。

3.0 版：开始“注重颜值”

这是一次“大手术”，大致是在 2015 年年底。

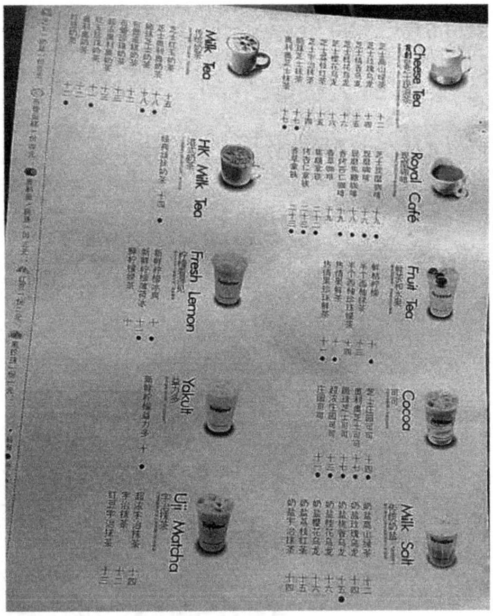

▲ 11 个板块，54 种产品

从视觉效果看，设计框架进行了大范围调整：

文字纵向排列，价格标注采用汉字；

每款产品前带的图不见了，取而代之的是每个系列选取招牌产品作为配图；

主打系列集中放在左上位置，并用不同字体加以强调；

不再使用“日月潭茗茶”说法，而改为了带有自身品牌基因的“皇芝芝”。

用纸规格变小，留白率提高，字号变小。较之以前，产品种类甚至是略有增加的，但看上去却感觉精致了，自然形成了一种简约风。这份纸质版菜单的设计带给人的感觉已经跳出了“奶茶店”的格局。

值得注意的是，这版菜单在价格方面又有所提升，均价已经达到20元左右。

4.0版：砍掉近三分之一产品

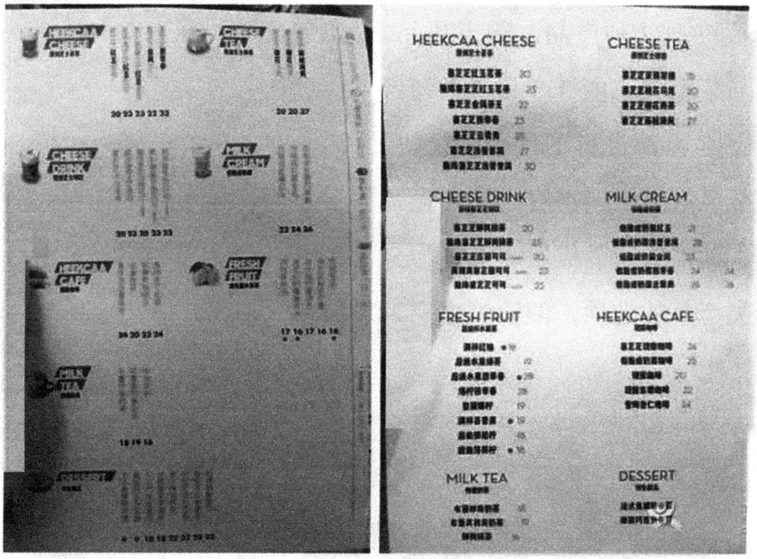

▲ 8个板块，30余种产品

4.0版基本上确定了菜单结构：设计上，保留了上一版纸质菜单的整体框架，左边尝试了红白配色，时尚感更为突出；而右边走极简风，白底黑字，连此前延续的系列配图都不再使用。

细看产品，板块已经简化至8个，产品不到40种，“低脂咸奶霜”产品第一次出现在菜单上。此时，喜茶已经完成改名和大部分店面的更新，主推产品开始用“喜芝芝”标明身份，并根据人们的视觉习惯，将其放在第一行呈现。在元素简单的前提下，强调的作用已经十分明显。

5.0 版：摒弃产品之外的一切干扰项

这是喜茶后来在上海新开门店的菜单，黑底白字，几乎摒弃了除“产品呈现”外的一切干扰项。菜单精简至 6 个板块，23 种产品，除了甜品，其他全与茶相关。主打产品从系列名称到产品名称都进行了优化，绿妍、红玉、金凤茶王、四季春，更加强调茶本身；而“低脂”板块，晋升为全部芝士类产品的选项，健康概念更为突显。

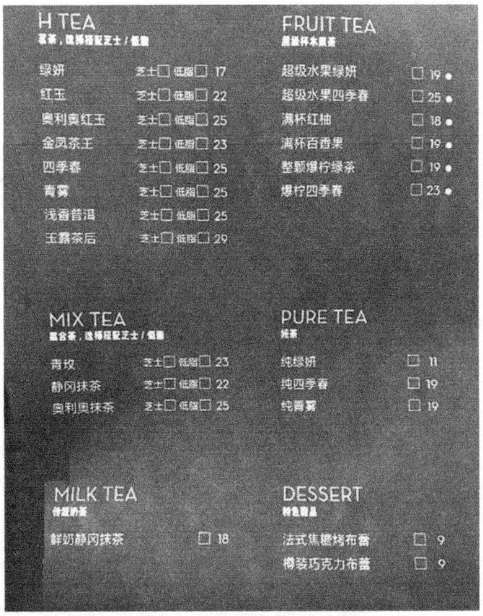

▲ 6 个板块，23 种产品

▲甚至门店的木质菜单板，也很有设计感

02 菜单就是菜单，不要试图表现所有东西

什么决定了喜茶菜单的更替？

聂云宸回答的很简单："觉得不好看就会换。"

这"不好看"三个字背后，包含的因素不仅是设计。实际上，喜茶菜单更迭十分频繁，"排版、字体、删减品种，每个月都在做"。

一个值得注意的细节是，2017 年 3 月 17 日，喜茶上海美罗城店开业，仅限该店的季节限定系列新品"芝士莓莓"推出，喜茶依旧印制了新的菜单——尽管只多了这一款茶品。

而喜茶菜单每次大改动都会抓住一个关键时间节点——跨区域扩张。

比如，上文提到 2015 年底的"大手术"，彼时，正是喜茶迈向大都市的关键一步——深圳海岸城店开业。菜单同样是门店整体形象提升的关键一环。

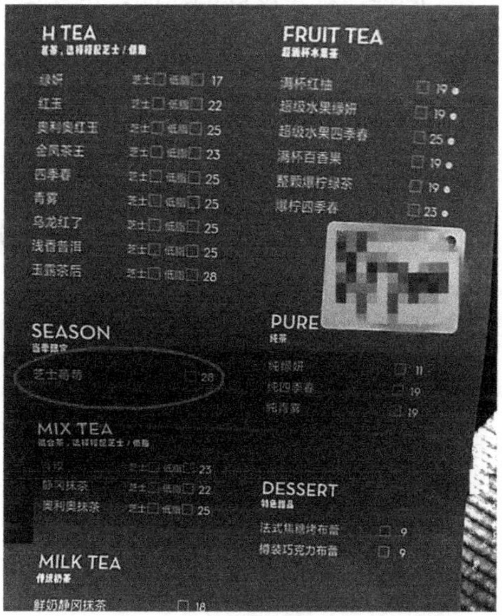

▲可见细节

比如，喜茶 2017 年进入上海市场后的极简风和木质菜单版，在这个饮品竞争已进入极高维度的城市，它开始输出自己的品牌风格与调性。

而聂云宸告诉啡姐，早在跨出江门时，喜茶就在那份久远得已经找不到的菜单上进行过一次大改——把芝士茶作为主推，而将最早"大当家"位置的奶茶调换到不显眼的位置。

"信息是分层级的，菜单这一

步，消费者要看的就是品种名称与价格。”聂云宸这样表述好菜单的标准，“简洁明了，一目了然，菜单就是菜单，不要试图表现所有的东西。”

03 设计菜单其实是设计产品线

菜单是什么？本质上是产品线目录。设计菜单即设计产品线。

喜茶菜单的持续迭代，其实是顶层设计和动态运营的体现，并最终形成了一种常态型迭代机制。

火锅品牌巴奴也是通过菜单的精简，将产品聚焦到毛肚上，取得了独特的优势。

据了解，西贝的菜谱也是从近百道菜品精简到了三十多道。

菜品少了，消费集中度就会提高。这是对消费者的引导。顾客立刻就能做决定，体验是不是更好呢？

同样，聚焦度高的产品，也使员工的动作规范和出品标准化更容易实现。

另外，产品简单，许多茶饮的原料就会重叠，单品采购量规模化了，也能提升对供应商的议价权和管控力，缩减沟通与博弈成本，同时也降低了公司采购、加工、仓储、配送等诸多环节的管理管理成本以及出错率。

一张菜单的背后，牵扯出的其实是高段位玩法，值得每咖啡馆主好好思考。

Chapter 4

第四章

运营——饮品店的N种必备能力

1. 为什么卖咖啡的还不如卖米线的

咖啡馆老板们太多有“咖啡师”的思维，想要追求精品，现实却是要咖啡馆老板回归到“商人”的角色，做更多商业模式而不是做更多口味。

为什么卖咖啡的还不如卖米线的？不是消费者不识货，而是咖啡馆老板们没有做好商业基本功。企业是有生命的，也遵从先生存、后发展的规律。

本节内容由“咖门”特约作者道哥撰写。

01 第一个基本功：别太专业

很多人做咖啡，出于爱好，把自己的需要当作市场的需要。这个爱好，让他们用顶级咖啡豆表达自己品质好，用多头的咖啡机表达自己的匠人精神。其实，这是一个大大的误区。比较积极的做法不是强调正宗，而是先迎合消费者，实现快速奔跑。

对大多数中国人的味蕾而言，没有咖啡的历史记忆，喝咖啡不讲文化深厚，不讲口味醇正。没有历史记忆的结果就是，谁先抢占了“第一口”，谁就是最棒的。

这就好比很多专业人士认为星巴克“不醇正”，而另一部分人则认为星巴克“还不错”。这个大多数人的“还不错”，就是商业的现实。

因此，咖啡馆老板们不要把自己搞得太专业，该拼速度的时候，不要过分追求格致，满足及格线就可以。甚至，可以以咖啡为平台，出售一些消费者真正需要的东西。比如，在咖啡馆里卖个蛋炒饭也不是不可以。

一是让咖啡馆先活着，二是以咖啡馆培养顾客。

你可能怒了：咖啡的节操呢？咖啡的情怀呢？

但是，商业会告诉你，为什么卖咖啡的还不如卖米线的。

02 第二个基本功：别太纯粹

咖啡馆老板普遍高素质，这样的优势就是做事比较有格调。而缺点也在这儿——过于“理想化”。卖个咖啡，不是以消费者需求为导向，而是“理想化”，反而“夺了”咖啡本身。

相比较，卖米线的就善于迎合与引导。消费者来吃米线时，还要吃白吉馍，米线店老板就拉个卖白吉馍的“配套”卖嘛。顺便，再加上些饮品什么的。这就形成了一个“一主二副”的套餐模式。

不要小看这个，它能带来多个效果：

①满足消费者；

②刺激再次消费；

③提高客单价；

④米线馆自己就是一个小生态，满足了消费者的吃喝。

也许你会质疑，米线跟咖啡差距太大，完全不可比。那再来看看星巴克，作为代表性企业，星巴克也“丧心病狂”地一口气推出了38款餐食。无论如何，从咖啡馆的发展来看，顺应市场，顺应需求才是王道。毕竟先活下来，才能有发展。

03 第三个基本功：要做规模

规模，是一些咖啡馆老板们所忽视，而米线店老板们强烈追逐的。因为，规模可以摊薄成本，可以创造品牌竞争力，能更有力地引导消费者的选择。

但是，咖啡行业有很多“疯子”：有的，只开一家店就叫嚣“挑战星巴克”；有的，买个多头的咖啡机，就觉得可以征服全人类……

事实上，咖啡行业也同样遵从规模效应。规模就是实力，没有规模就没有发言权。

在中国，星巴克已经有超过2000家门店，如同一个航母舰队，而那些单枪匹马的挑衅者，本身就是一个笑话。即使星巴克真的有对手，也应该是太平洋咖啡这种重量级的对手，因为它有钱、有人、有实力规模化。

当然，咖啡馆老板们可以用一百个理由强调咖啡的独特性。但是，还是那句话——商业会告诉你，为什么卖咖啡的还不如卖米线的。

卖米线，最初几家店，是求生存，后来几十家店是求发展。现在，米线品类已经出现了众多强势品牌，它们有实力跟麦当劳、肯德基争夺客源。因此，不要鄙视规模化，不要鄙视品质的不完美。

04 第四个基本功：要做商人，不要做咖啡师

“位置决定论”在很多领域都存在。在一些场景下，位置的“优势”往往是另一个场景下的“劣势”。

咖啡馆老板们大多有“咖啡师”的思维，追求精品，现实却是要咖啡馆老板回归到“商人”角色，做更多商业模式而不是做更多口味。

我们可以从服装行业的品牌化之路，来对比分析咖啡行业的现实。

中国服装行业跟中国的咖啡行业有非常相似之处，从产品竞争、品牌竞争到文化竞争，就是一个“逆袭战”。

最初，一些小企业做的服装没有品牌可言，从批发市场里起步，先活了下来。之后，一些有品牌意识的企业，走进购物中心，完成提升之后，它们又从购物中心杀出来，走向专卖店模式。现在，服装企业完成品牌化

之后，再杀回到商场，已经是“贵族范儿”了。

在当前经济大环境下，服装品牌又从单品店走向混合店，既销售男装、皮鞋、领带，又销售女装。这种变革背后，有两个推动因素：一是市场竞争，二是消费方式的转变。

这种混合店看似不专业，其实每个改变背后都有深意。

我曾经问过服装店店员：“男装店里卖女装，不怕伤害品牌？”他们的回答却是对消费需求变化的应对之变：“很多男士买衣服，往往有女士陪同。把女装放到男装店里，会带来新的消费。”

因此，借鉴服装行业的智慧，咖啡馆老板要做的应当是多琢磨消费者，少琢磨咖啡豆。

2. 新式茶饮店的六大策略

曾经有人痛心疾首：中国七万家茶叶企业干不过一家“立顿”，干不过一家“星巴克”。

现在，中国茶的尴尬正在破局——传统茶过渡到新式茶，新式茶饮正经历着“疯跑”阶段——打造出年轻化，瞄着标准化，向公司化的方向发展。

年轻化、标准化、公司化，也成为中国茶破局的3个关键词。

在深圳，“中国茶”以一种时尚的姿态成为街头的靓丽风景：贡茶、皇茶、喜茶、奶盖茶，还有各种水果茶……仅在一个叫九方的购物中心里，就有奈雪的茶、813、GAGA 鲜语等四五家茶饮品牌。

更让人惊喜的是，中国新式茶饮已经把咖啡馆里的客人夺走了。比如 813 和一家咖啡馆相对，813 这里顾客排队，增加的摆位满客，而对面的咖啡馆则人数寥寥。

01 打造标准化，先跳出“山头”文化

喜茶可以把产品价格卖到 28 元，因味茶 30 元起，价格都跟星巴克差不多。这背后拼的就是标准化。

咖评

标准化意味着可复制。

“标准化”让中国茶跳出“山头”文化，走向全国化，甚至走向世界化。

产品标准化，降低复制难度

传统茶，卖的是初级农产品——茶叶，而新式茶饮销售的是“饮品”。在市场化操作中，饮品通过产品标准化降低了快速复制的难度。

以因味茶、嫩绿茶为例，它们已经对茶饮进行了量化：一杯好茶需要多少克茶，多少水，多高温度，甚至还可以实现“分段萃取”茶叶的精华。

就连最传统的茶业品牌“大益”，也在上海七宝宝龙推出了新品牌“大益茶庭”，引入了机器泡茶，酷炫得很。

产品的标准化，让不懂茶的人，也能喝到味道地道的好茶。

用数值化打造标准化

茶和水果一样，品质和口味是不可控的，同样一棵树上的苹果，同样大小的果实，甜度都会不一样，茶叶也是如此。为了稳定品质，一些茶企

引入了“数值化”，把口味量化为数字，让一杯好茶的口味有数据可以参考。这是提升品质非常重要的一步。

在拼配茶上，口味“数值化”成为“产品标准化”的利器，它们通过“数值化”，保证茶饮的上等品质。

咖评

拼配茶其实是很讨巧的“标准化”和提高茶品质的方式。

茶饮品牌企业“茶香书香”，有一个“国茶实验室”，它将茶按地域、季度、级别、年份来区分，做最平衡的拼配调味，通过测定记录相应阈值。

另一个品牌CoCo都可茶饮，上游果酱通过专门的仪器，来测酸度、甜度，如果甜度不够，加甜味水果，如果酸度不够，加酸味水果。

02 年轻化颠覆产品形态

（1）产品年轻化

新式茶饮，创造了更迎合年轻人的饮茶。

但是，将中国茶融入西式茶饮的做法，遭到了传统茶人的鄙视，被批评为“胡搞，把中国茶都给毁了”。

从市场表现来看，这种“胡搞”，为中国茶赋予了更多时尚元素和表现手法，新茶人反而让中国茶变得更具国际范儿——无论从颜色、设计感还是品位上，都在丰富中国茶的内涵和形式。

现在，新茶人将抹茶、咖啡、水果与中国茶相结合，产生了更受年轻人喜欢的新饮品。

比如一家名为“雀桃”的品牌茶饮店，饮品有抹茶清饮、香草抹茶摩卡、西柚寒天冰饮、夏威夷水果茶等。

另一个品牌 GAGA 鲜语，更是将茶和水果融合到了一起。

除此之外，中国茶的“颜值”也越来越高，咖啡有冰滴咖啡，因味茶也借鉴推出了冰滴茶。

这些新式茶饮为中国茶提供了“另一种形态的存在”。

▲冰滴茶——新鲜的喝茶方式

（2）品牌年轻化

除了产品年轻化，品牌年轻化也是新式茶饮的特征。

比如喜茶设计的喝茶的小人及一系列插画作品，典型的简约轻时尚画风。

因味茶脱胎于京东商城，LOGO 带有浓厚的“互联网味儿”。即使融入一些传统元素，也会通过现代设计，把整个品牌的气韵变得轻松。而本宫的茶，定位中式轻奢路线，设计风格对中国传统元素进行现代表达，以皇家风范和丰富的色彩夺人目光。

（3）环境年轻化

环境年轻化也是新式茶饮的一个亮点。

不同于传统茶室那种古香古色的气质，新式茶饮在场景设计上更轻松，店面风格甚至走出了咖啡馆的神韵，设计出休闲风。

像深包茶业旗下的 Teabank，从外观来看像一个不折不扣的咖啡馆：门口露天的遮阳伞、颇有些工业风的主色调、吧台上的“黑科技”机器……从产品、空间到服务，无一不透露出时尚、年轻的气息。

▲不看产品，新式茶店已经和咖啡馆傻傻分不清楚

03 中国茶的新公司化之路

传统茶企销售的还是初级农产品——茶叶；新式茶饮公司则销售的是时尚，或是一种休闲方式。传统茶企强调的是“茶叶”，新式茶饮公司强调的是“饮品”。两者出发点不同，表现手法不同，操作手法也不同。

因此，新式茶饮公司能够通过“公司化”，做市场化品牌，建立组织架构，解决传统茶渠道商控制一切的痛点。

（1）管理的标准化

传统茶企重心放在制茶工艺，新茶企的核心放在店面，强调运营效率。

比如，喜茶每天将近 2000 杯的出杯量，以营业时间 12 小时来算，平均到每分钟要出品 3 杯——高峰期则更多。

那么，如何提升店面运营效率？

喜茶引入“流水线”，一杯茶的制作程序被细分成很多个小步骤，每人只完成其中一项，甚至有人专门负责折叠稳定杯子的纸托。在吧台内，10 个人同时在岗，“脚不移动，手不停”。

▲可媲美饮品店的高效率做茶，这对传统茶来说是不可想象的

2017 年 8 月，喜茶获得 IDG 资本以及知名投资人何伯权超过 1 亿元的共同投资。此轮融资除了用于扩张，主要考虑的就是用于内部完善。

延伸阅读

《茶饮界黑马喜茶获 1 亿融资》，详见微信公众号“咖门”。

喜茶创始人聂云宸向“咖门”透露，下一步，喜茶将在人员培训、

ERP、门店品控、服务管理、品牌调性、产品升级等方面做进一步的提升。

（2）引入连锁管理经验，实现跨区域管理

因味茶的东家“东钦餐饮”，由麦当劳前中国区副总裁缪钦和京东商城刘强东联手创立。

这意味着，因味茶一出生就具有互联网基因，同时，还具备成熟的快餐连锁管理经验——这种经验，让其具备了快速复制的可能。

缺少连锁化管理经验，是很多茶饮品牌的软肋。在成渝地区运营得心应手的“嫩绿茶”，因缺少跨区域管理经验，高调把店开到上海后不久便撤场。同样在跨区域连锁化道路上受挫的，还有起家于郑州的茶啡茶。

“引入连锁管理经验，实现跨区域管理”，这是很多茶饮在“公司化”进程中绕不开的“选择题”。而传统茶企则依赖渠道，借水行船。

（3）制造壁垒

茶饮品牌面临再次升级转型——比如饮悦工坊，全国有1400家门店，只有十几家直营。这种现象在茶饮行业中并不鲜见。这些品牌，现在已经处于同质化竞争、白热化竞争、极致化竞争阶段。这点对于处于激烈竞争中的奶茶品牌影响更大。

蜜雪冰城在上游有茶厂、原料加工厂，通过建立自己的产业链，能控制区域行业价格。

喜茶核心产品在茶叶加工阶段就进行“定制”，根据自己的需求与想法，交由第三方工厂专门生产。

这个程序开始时很难，但是后期带来的回报是显而易见的，从上游开始的定制让跟风者难以下手，不仅在口味上实现有效差异化，也为品牌建立起一道核心壁垒。

3. 咖啡馆的运营成本与产品定价

不考虑自身的成本与现实情况，盲目参考“别人的定价”，就容易和自己的营运轨道偏离。先来想一个问题：一杯咖啡定价 28 元或者 32 元，你是怎么决定的？参考星巴克或别人家的菜单，还是自己拍脑袋想的？

科学的定价思路应该是怎么样的呢？本节我们一起来分析一下。

01 卖多少钱，完全取决于星巴克吗

先来做个小调查：如果要开一家咖啡馆，以一杯经典款拿铁为例，你会卖多少钱？

曾有朋友和我聊起这个问题，她似乎完全没有被困扰过，回答得不假思索。

“31 或 32 元吧。”

“为什么？”

“星巴克差不多就是这个价格啊。”

我不知道有多少人是这样的想法：定价先看星巴克，然后进行微调。觉得自己家的咖啡品质比星巴克好，那么就贵一些；自认空间体验比不上星巴克呢，就稍稍降低个两三元。“好像大家都是差不多的价格嘛。”可是定价看星巴克，确定没问题吗？

曾有业内人士表示，目前星巴克已经开始走平民化路线了，只不过是潜移默化的。从 1999 年到现在，星巴克一杯咖啡的价格涨了几元钱，但国内消费者收入普遍翻了多倍，当年“星巴克暴利”的印象可能还在，只是

如今从价格看，它更像是薄利多销了。

问题就在这儿，星巴克能薄利多销，前提是品牌影响力的长期积淀撑得起人气和销量。现实点儿说，单论星巴克在房租上的议价能力，就令多少咖啡馆望尘莫及。

而从另一个角度看，如今星巴克的“一家门店”，和你想开的“一家门店”概念不同，其定价是由一套强大的算法体系支撑的，甚至门店本身都是庞大系统下的一个终端呈现。

而你琢磨定价时去参考的产品好不好喝、环境空间如何……几乎都是表象。

咖评

定价的真正原理，还有很大一部分你并不知道。

那么，在一个商业区内，竞争对手的定价就没有参考价值了吗？不是。要参考，尤其是活得滋润的对手，其定价本身就在一定程度上反映了该区域消费者的价格接受程度，参考它们是一个事半功倍的方法。

但是不考虑自身的成本与现实情况，盲目参考“别人的定价”，就容易和自己的营运轨道偏离。

02 算笔细账：一杯拿铁的价格究竟怎么定

定价不是一拍脑袋就决定的事情。

首先，要无比清楚自己的经营成本，你卖的一杯咖啡里面到底都包含了什么。举个简单的例子。

假设有这样一家咖啡馆 A：其采购的咖啡豆 80 元 / 磅（454g），牛奶 15 元 /L，同样以做一杯拿铁为例，为了方便计算，设定制作过程需要消耗

20g 咖啡粉与 200ml 牛奶。

每杯物料成本为 $80 \div 454 \times 20 + 15 \div 1000 \times 200 \approx 6.52$（元）

如今，应该很少再有人觉得“成本 6.5 元，一杯能卖 26 元，利润率就是 300%”了吧。问过房租、人力成本答不答应了吗？我们接着往下算。

房租 20 000 元 / 月，人力成本 18 000 元 / 月，水电费及其他费用 3000 元 / 月，咖啡馆 A 每月固定支出 41 000 元。

如果店里只售卖拿铁，根据其销售量和客流量究竟要定价为多少才够本儿呢？

这里就要提到盈亏平衡点了，我们会看到一些咖啡馆的数据说每天卖出多少杯后开始赚钱，通常就是经过这样一番计算的。这里既然讨论的是定价，我们就以定价为出口。

如果每天有 50 人进店消费一杯咖啡（这应该是一个养店期的乐观估计了），假定单位产品营业税金及附加为 0，那么单价盈亏平衡点为：

$$\frac{41\,000\text{（固定成本）}}{1500\text{（每月出杯量）}} + 6.52\text{（变动成本）} + 0 \approx 33.85\text{（元）}$$

注：以上数字皆取日常状态下的估计值。

这个数字是不是有些可怕？巨大的固定成本压力，在每天 50 杯销量的情况下，一杯拿铁要定在约为 33.85 元的价格，才能达到盈亏平衡。

这时候，才能去考虑你的利润，单从账面上看，利润想有个 15%，一杯拿铁定价就要将近 39 元，比目前星巴克大杯拿铁还要贵 8 元，也已经到了消费者普遍可接受的临界点了。

值得注意的是，这仅仅是一个粗略的算法，不少因素还没有考虑在内，比如：变动成本中，一批新豆的调试损耗、磨豆机的吃粉情况、手抖一下就多出来的部分；前期投入的装修、费用、家具、容器费用以及折旧费用；

还有把店开起来需要缴纳的证件办理等一系列费用……

话说回来，以成本为中心定价的策略，对市场需求和客人心理没有充分把握，所以，计算好这些成本后，还是少不了看看周围类似业态成熟定价是怎样的，再综合做决定吧。

03 结语

怎么样？是不是很想仰天长啸："我能怎么办，我也很绝望啊！"

咖啡馆是个慢生意，既然店开起来了，就要想方设法提高出杯量和客单价。同样条件下，套用以上公式，当咖啡馆每天出杯量能达到100杯时，你的单价盈亏平衡点就仅约20.19元了。所以，不是说一开店就要在产品单价上把钱赚回来，莫名其妙的高价反而会让顾客很受伤，甚至再也不光顾。庆幸的是，咖啡馆总不会只有一杯拿铁在卖。

有了自己的一套算法，在经营过程中对产品不断做评估和总结：什么利润高、什么销量好、什么在增长、什么该淘汰，推推组合套餐，冲冲应季销量，想想顾客心理，做做重点宣传——让变量朝着有利的方向发展，咖啡馆主们，看你的了。

4. 咖啡馆甜点陈列的四项"吸引法则"

甜点，已成为维系咖啡馆生存的一大救星，可是你真的好好对待它们了吗？

01 “高颜值”的甜点，就这样被你浪费了吗

咖啡不够，甜点来凑——这几乎成了咖啡馆行业的通识。

没问题呀，提升了客单价，调性又搭，简直“棒棒哒”。

于是：烤箱，买；黄油，买；锡纸，买；甜点师，“买”不起，自己学！

经过一番折腾，甜品终于出炉。味道不错、“颜值”也够高，眼看回本盈利指日可待……

然而……为什么好像没人注意到？点的人也不多？

或许因为你忽略了这个关键：陈列。

关于店铺橱窗有一个“3 秒法则”：当顾客走到店前并停留了 3 秒时，如果没有好的视觉重点指引，让其提起兴趣，那么就将无法吸引他（或更多顾客）进店。正如装修的时候你一定考虑过“门脸”的重要性。

强调空间体验的咖啡馆，视觉效果对销售将起到更大的作用。而你要知道，完成点单的吧台，可是直接决定了消费者花多少钱的地方。如何让他们为了设在吧台旁、散发着迷人诱惑的甜点塞给你更多的钱？是时候考虑陈列的重要性了。

02 更有效的“视觉营销”，抓住这几个玩法

（1）最优位置就是这儿！

以陈列甜点的小型货架来说，黄金位置一般位于上数的第二层——当顾客站在 70cm 左右距离注视货架时，视线向下 30 度左右会感觉比较舒服。一般情况下，顾客习惯“从左到右”的顺序，但往往在“选择困难”时，内心不会青睐于所看到的第一个产品。因此，上数第二层货架，左数第二、

第三个位置，准是明星展位。

什么人气畅销热卖推荐产品、原材料充足的产品、当然还有利润最高的产品，往这儿放就对了。

一个值得注意的细节是，在货架整体高度的选择上，应以女性普遍身高及习惯为准——毕竟她们才是甜点消费的绝对主力。

（2）撞色：显示丰富性的不二之选

如果你的甜品颜色够多，尝试将它们按照渐变方式交错排开，是一种简单易行的“抓眼球”大法。这种有序的“眼花缭乱”，能很直观地形成一种视觉跳跃感，给人新鲜而具有活力的感觉。

对纸杯蛋糕、马卡龙等个头小的甜点来说，把它们摆出个大阵仗营造“声势”是一个不错的方法。

（3）所有细节的唯一指向：突出亮点

事实上，顾客不擅长一次性掌握过多的信息，所以在甜点陈列上要做到有的放矢。除了好展位和色彩上的跳脱，还要让顾客接受视觉指引。

这就需要刻意营造些亮点了。比如，富有设计感的“热卖”“人气”标志、摆放容器上的差异化，又或者专门设计一个卡纸突出某个产品。

还有一个细节是灯光运用——一般打向甜点的光要求光源隐蔽，色彩柔和；偏暖色调的光，更容易勾起顾客心中的“甜蜜期待”，但应注意亮度要足够。

如果你的甜点本身“不以颜值论短长”，又不想放弃展示效果，那么可以尝试在货架里放一些精致有趣的小摆件进行配合。

（4）定期更新，始终保持新鲜感

服装行业有个说法——“上新货必大调，没新货两周一大调”，为的就是根据库存与销量，始终让“黄金位置”发挥最大效用。

而据了解，著名快时尚品牌 ZARA，每周上新两三次，新款一到，陈列就会更新。

咖啡馆本身更依赖周边范围的回头客，营造新鲜感显得更为重要，摆放位置长久不变，很容易让顾客产生视觉疲劳。别说两周，位置两天一换都不过分。

啡姐了解到一家咖啡馆，每天都会推出“命运甜点”作为重点进行推荐，带给顾客“每次来都有新收获”的感觉。

当然如果你心中有数，根据实际情况制定期限（时节变化、重要节日或庆典），配合主题进行策划都是不错的想法。

03 陈列的不只是甜品

陈列的意义当然不只是客单价提升。

想想星巴克旗下的茶品牌 Teavana，尽管其本尊何时会进入国内市场还是个未知数，但那面由商品陈列出来的“高颜值”背景墙已有了众多效仿者。

用心的陈列，将形成鲜活的记忆点，让你的店更持续长久地停留在消费者的心智中，同时让更多“被传播”的潜在顾客产生兴趣。

本节以一句据说来自法国的经商谚语作为结尾：“即使是水果蔬菜，也要像一幅静物写生画那样艺术地排列，因为商品的美感能撩起顾客的购买欲望。”

5. 饮品涨价的四大方法

涨价是一场“兵马未动，粮草先行”的策略战，然而使用这些“术”的前提，是先要在产品价值这个“道”上进行提升。

“天啊，房租、人工都在涨，我想涨价！可是顾客因为这两元钱不来了怎么办……”

面对价格敏感型的客群，相信很多咖啡馆老板都有过这样的焦虑：到底应该怎么涨价？

01 苦衷：涨成本容易，涨价难

啡姐上大学那会儿，学校门口卖煎饼果子的大叔，以每学年 5 角钱的涨幅，完美演绎出一场消费心理学与涨价经济学的样本案例。

契合开学节奏，隔个假期不少学生都想这一口呢！

从家回来，一般是学生最有钱的时候，贵 5 角算什么呢？

煎饼果子是饭啊，多加点儿面，个儿大味美，总有人会选择嘛。

就是这么随意，哪有什么心里接受期，小摊生意丝毫不减。

饮品这个弹性需求大的品类，就没这么“幸运”了，战战兢兢尝试着提高两元钱，消费者就可能立刻“翻脸不认店”——“为什么涨价？可口可乐这么多年也没见涨价啊。”

得，无言以对。

一涨价，情人都能变路人！

这确实很无奈。对饮品来说，价格敏感型的消费者数量众多，悄悄涨价很难不被消费者发现。

你看星巴克，品牌势能强不强？影响力大不大？2017年6月，星巴克部分饮品涨价1~2元，这是其自2012年以来首次全面提价，马上引起了各种花式吐槽：“一言不合就涨价”“钱包被掏空”“朋友圈都发不起了”……

如果原本就是个位数的定价，哪怕涨个1元钱，涨幅都不敢细算。

是，房租今年比去年贵了50%；咖啡师要求涨薪500元；设备转眼又要维护了……虽然“宝宝心里苦”，但是，消费者就买你那一杯饮品，凭什么就要感同身受，乖乖配合呢？

02 想涨价，先掌握这四个技能

既然“涨价难，难于上青天”，那就只能苦哈哈地守着这个价格到最后？非也。

随着消费者对品质的更高追求，该庆幸，他们愿意为一杯自己青睐的饮品付出更高的价格。前提是，你有没有让他们感受到自己的改变？有没有像对待恋人一般对待他们？有没有撩到他们的痒点？关键看撩的姿势是不是正确。

（1）涨多少，要看顾客觉得值多少

要涨的价格＝提升的成本＋预想的利润空间？太想当然了吧。数字的学问很大，尤其是在表示价格的时候。

以杭州甘其食包子的一次涨价为例，开始，其菜包从1.0元涨到1.5元，人气依旧爆棚。而当菜包从1.5元涨到2元时，就没那么顺利了——即使给老顾客发放了0.5元的包子抵用券，还数次推迟了涨价日期。

相比从1元到1.5元涨幅50%，从1.5元到2元涨幅33%却更难，为什么？

新定价和消费者心理认知失衡：1.5元，在消费者心里仍然是1元多，2元就上升到另外一个层次了。而一只普通的包子，似乎在大多数顾客心里不值2元。

你一定想到了，很多商家定价喜欢99元、599元、1999元，称为非整数定价法，即当商品的价格处于整数与零头的分界线时，不取整数而取零头。这就是基于消费者心理的定价策略，会给人一种低一位数的感觉。

对饮品来说，定价有零有整不太现实，但在你要涨价的范围内，模拟出一个消费者心里既定认知线，比如逢5和10为一道坎，新定价尽量低于这个价位——19元和21元在不少消费者心里，差得可不是2元啊！

（2）不是涨价，是推新品哦

对于有研发能力的饮品店，推新品是个不错的“间接涨价法”。每月或配合节日推出两款新品，价格直接设定在预期涨价的位置。或是尝试在现有产品分类中挑出20%涨价（如人气产品、基础产品、高利润产品各出一款），两种方式均是对消费者心理的一种缓冲。

技术性调整，减少顾客心理落差。观察新定价产品的销售情况和顾客反映，经过一个周期后，再逐渐对产品进行调价。

值得注意的是，涨价时最好伴随菜单的整体更换。哪个消费者愿意在菜单上看到补丁，还是用来掩盖更便宜的价格的？何况，菜单的更新能够很直观地带来升级效果。

（3）推套餐，“悄无声息”地把价涨

推套餐可不只是增加销量的方法，这不，涨价也能用得到。

咖啡＋甜品优惠价格 52 元；同系列饮品第二杯立减 3 元……

一杯饮品从 15 元涨到 18 元，第二杯立减 3 元，原本总计 30 元的价格，优惠下来两杯成了 33 元，实际上单杯价格已经涨到 16.5 元，但消费者心里更容易接受。

在咖啡馆里饮品、甜点、简餐的套餐组合下，很多消费者甚至可能完全不会关注单品本来的价格。

咖评

套餐搭配，满满地都是“心机”。

另外，充值卡也是个不错的方式。一个简单的道理，对于花“看不见的钱”，总是不那么容易肉疼嘛。

（4）不单纯涨价，要绑定营销

价格涨上去了，看上去似乎是一件可喜的事儿，但这时候需要考验经营者的眼光与格局。

一方面，为什么要涨价，是不是有故事可以说？本身能不能形成一个传播热点？更重要的是，价格上涨后如果效果不错，是不是应该考虑回馈消费者？

这个过程一般而言需要半年时间，甚至要有节奏地形成常态。舍得把自己的利润掏出来回馈市场，才是一种想要做长久品牌的态度。

03 结语

涨价是一场“兵马未动，粮草先行”的策略战，然而使用这些“术”的前提，要先在产品价值这个“道”上进行提升。否则对消费者来说，就是耍流氓。

消费者付出了更多，还要让他们继续爱你，难道不需要给他们一个情真意切的理由吗？

6. 饮品店的动线设计

从生意的角度来说，不管“白猫黑猫”，能增加利润就是好猫。

不知你注意过没有，1点点门店的动线普遍和很多奶茶店不太一样。似乎比起直来直去一目了然，它更愿意拐个弯、多两步，完全不怕麻烦的样子。

为什么这么特殊？

比起喝咖啡需要的仪式感，大街小巷遍布的奶茶店，价格上没什么负担，场景适应性强，往往是顾客逛街更青睐的选择。

在花样繁多的店面中，CoCo都可和1点点消费者的认知度极高，也常常被人提起和比较。巧的是，在一些商圈地段，这两家店相隔也就一二百米。

暴露一下个人口味，CoCo都可的夏季限定鲜百香双响炮和1点点的冰淇淋红茶，都是啡姐的挚爱啊。

不知各位注意过没有，通常情况，高峰时段两家都有排队现象，但在平时，一点点门口排队的现象要多于 CoCo 都可。

你想过为什么吗？单纯是消费者更青睐 1 点点的产品吗？

01 CoCo 普遍的“一字形”动线

这是一张 CoCo 都可的吧台图。

▲常见的 CoCo 都可吧台

啡姐简要画了一下动线布局（部分）。

CoCo 都可的布局与动线设置：无论或横或竖，CoCo 都可的吧台往往呈“一字型”排列，即除去收银模块与出餐区，侧面或对面是一套完整的制作区域。这种布局对空间需求小，适用范围广，操作区组合简单，水池架、制冰机、茶桶、封口机、冷藏柜……一条动线贯穿了整个制作流程。

然而，它缺乏围合式的灵活性，需要的是制作流程的清晰规划。

这一点上，CoCo 都可绝对是个中高手，在标准化与人员培训双达标的情况下，当各区域能够按照逻辑依次使用时，就可以极大地减少走动距离，效率会很高，也能使出杯变快。

▲让一个写字的画图，多担待

啡姐曾听业内人士讲过，吧台有个所谓的“两步绝对领域”——一个店员站在吧台内，向左或向右跨一步，就可以覆盖到他制作饮品需要操作的全部机器，减少移动消耗的时间和可能造成的混乱。

喜茶在这方面就可谓是一个极致，几乎一步一岗的配置，通过高效流程来消化排队的人群。

02 1 点点的 L 形、U 形动线

简单来说，1 点点的吧台布局大多呈 L 形或 U 形设置，功能区往往环绕三面墙。

▲ 1 点点门店动线简图（部分）

啡姐曾去过 1 点点在购物中心里的一家分店，雪克机与前面的制作台呈直角摆放，又无意中充当了一个小小的隔断，视觉上有种纵深感，会觉得内部空间更大。

这里要提一下 1 点点的店员设置，如果你留心，会发现一点点的店员普遍有着自己的专职：制作一杯饮料由一个人完成，同样，收银、打包、外卖也如此，很少有“交叉作业”。

这意味着，店员制作一杯饮料要在这个 U 形区域来回走动。

实际上这对于出杯效率是有影响的，有人曾统计过，在没人排队的情况下，一套流程下来，顾客拿到 1 点点产品的时间大概是 3 分钟，而在 CoCo 都可，则是约 45 秒。

这自然而然形成了 1 点点的客流状态——人数不那么多、队伍不那么长，但在一天中的大多数时段，总是有七八个人在排队。从消费者视角看，1 点点门店同时间在岗的店员不少、并且每个人都在忙碌，场面热闹。

布局与动线的设置，会让人在无聊的等待时间中，把视线专注在制作上——这是对消费心理的把握：

想强调的“新鲜现制”更直观可见；

增加与消费者直接交流的机会；

常态下的排队形成一种无声的口碑广告，有助于激发“羊群效应”，促成跟风购买。

> **咖评**
>
> 有些情况下，看到别人排队，会引起消费者“从众”心理，也是一种“广告”。

难得的是，1点点对互动上的关注，让顾客很难因等待时间长产生“责怪”与“不耐烦”的情绪。

比如，隔条马路都能听到的欢迎声，确认“少冰”“半塘”产品怎样最好喝的细节，全程真挚热情的态度等，能做到并保持，1点点很不简单。

可能你要问了，即使如此，但这种布局上的“反常识”设置不会对营业额有影响吗？别忘了，还有外卖啊。

把重心放在流程效率或是人际互动上，究竟孰优孰劣？这个问题没有确定答案，毕竟从生意的角度来说，不管“白猫黑猫”，能增加利润就是“好猫”。

7. 那些厉害的咖啡馆，是这么选背景音乐的

费尽心力打造的咖啡馆环境，不慎被音乐毁了画风。

看不见但真的很重要的咖啡馆背景音乐怎么选？哪些音乐才合适？

01 星巴克如何选择背景音乐

知乎上经常有人发帖：星巴克店内的背景音乐怎么那么好听，求推荐！

你或许不知道，为了打造这样一个看不见的背景音乐，星巴克甚至自己签约艺人进行创作。

全球 1.5 万家门店里的音乐也都是由星巴克美国总公司“直营”的——定期换档，指定播放，播出内容不仅店员、店长无权置喙，连总代理商都没有插手的余地；播放的音乐类型广泛，但以乡村、爵士、钢琴曲等轻音乐为主。

音乐对于咖啡馆风格的打造，通常起到锦上添花的作用。关键在于，对一家独立咖啡馆来说，用什么音乐才对味？

02 适合咖啡馆的三种音乐类型

将音乐打造成一项工程，发展出一套有别于传统音乐产业的收益模型，这是星巴克的高明之处。

这对于普通咖啡馆来说难以达到，但是，即便简单用来调个氛围的音乐也是需要学问的。

有业内人士表示：在一些经营好的咖啡馆里，主要有三种类型的背景音乐。

（1）能“hold 住”全场的纯音乐

以钢琴、吉他、竖琴等器乐演奏为主。提起此类轻音乐，很多人立刻想到的单曲就是木吉他版的《天空之城》，对不对？

另外，一些比较著名的音乐人或团队包括：班得瑞、久石让、理查德·克莱德曼、雅尼……选他们的作品，一般都没错。这样的音乐包容性比较强，大多数类型的咖啡馆都能“hold住”。

（2）有情调的西方歌曲

法式情歌

浪漫的法式情歌很适合颇有风情的小资馆子。

一些好听的单曲，包括Rose、Zor、Svanur、Arrancame、Stay……

唱歌有味道的歌手包括热拉尔·达尔蒙（Gérard Darmon）、伊莎贝拉·布莱（Isabelle Boulay）……还有一位有名的法式民谣歌手凯伦·安（Keren Ann）。

爵士

有“摇摆乐”之称的爵士，具代表性的歌手有迈克·巴布雷（Michael Buble）、纳京高（Nat King Cole）、提尔·布罗纳（Till Bronner）……

还有三个齐名的爵士美女歌手：几乎每个开咖啡馆的都知道的小野丽莎、王若琳，以及西洋爵士音乐的代表歌手诺拉·琼斯（Norah Jones）。

乡村音乐

轻快的乡村音乐里有一张很著名的合集《Let's Folk 2CD》，包含了具有代表性的歌手卡朋特乐队、泰勒·斯威夫特……

蓝调/布鲁斯风格音乐

有节奏感的布鲁斯风格歌曲有Bluse Man、Sweet Sixteen、Times Makes Two……有代表性的歌手有：贝西·史密斯、艾塔·贝克（Etta Baker）、吉米·亨德里克斯（Jimi Hendrix）……

另外有些中文歌的外文版比原曲更有味道，如法文版的《旅行的意义》《因为爱情》英文版的《好久不见》等。

（3）国内原创歌曲

采用这种类型背景音乐的大多是特色景区或者胡同内的咖啡馆，装修古朴典雅，主打怀旧复古风。给人强烈丽江古城街的画面感的《董小姐》《南山南》等，带有明显的地域特色。但不少咖啡馆放的《奔跑》就让人很尴尬了，风格温暖慵懒舒缓的国内流行歌才比较适合，比如陈绮贞、戴佩妮、孙燕姿、曹芳等歌手的歌。

所谓的文艺都是共通的，也可以根据咖啡馆风格选择合适的民谣，比如赵雷的沧桑故事感适合一些有味道的老店，好妹妹的清新可以在高校咖啡馆播放……

最后，最偷懒的方式就是在豆瓣电台选择爵士、咖啡等频道，让系统自动播放。

03 这些类型最好别选

国内的流行音乐虽然接地气，可一不小心也容易出现一些意外状况。

（1）盲目追流行

有些音乐好听，却“太流行”，不仅咖啡馆，理发店、火锅店都在放。

比如，曾经一度很火的《滴答》和咖啡馆的气氛似乎还挺搭，但坐在咖啡馆里听这么一首歌，会不会感觉时空错乱到了理发店？

（2）搞错了主角

对咖啡经营者来说，店里放什么音乐是讨好自己的口味，还是放顾客喜欢的？答案很确定，当然顾客最大啦！但操作起来实在是很纠结的一件事——毕竟这是“我”的咖啡馆啊，待在店里最长时间的也是“我”！

来看看星巴克是怎么做的吧。

星巴克2015年与Spotify合作，Spotify的用户可以通过订阅星巴克的歌单来换取免费咖啡，且会员可以对星巴克的音乐点赞，达到一定数量之后可以改变歌单的走向，决定店里放什么音乐。这可就不是“自嗨”了。

独立的咖啡馆也可以照此思路想一些机智的办法。

（3）与客群不搭调

坐在咖啡馆里本想安安静静看本书，突然听到自己跑步时常听的音乐，感觉每一个细胞都被调动起来了。所以，这种不合适体现在两个方面：音乐类型和顾客的群体特征不搭，音乐风格和咖啡馆格调不搭。

开在商务办公区、以白领为消费主体的咖啡馆和高校咖啡馆的音乐风格是不一样的；一家清新的咖啡馆也不适合出现灵魂般的世界音乐。

（4）注意音量

咖啡馆主要做的就是把音乐的声音调低，当然了，如果店内人多嘈杂，放什么都是没有用处的。

8. 新式茶饮店如何找形象代言人

“明星代言”向来被视为品牌营销的一剂良药，似乎明星在哪人气就在哪。但是对大多数品牌来说，请明星的成本往往是很难负担的。

即便如此，茶饮圈里还有不少的“明星代言人”，本节我们就来盘点一下，顺便聊聊如何请“代言人”这个事。

01 他们都是这样请“代言人”的

请人代言可以分为以下几类。

（1）为投资品牌亮相

第一个要说的是“奶茶妹妹”章泽天，之所以她有代表性，和“奶茶妹妹”这个昵称没有关系。嫩绿茶、因味茶共同的投资方来自东钦资本，而“奶茶妹妹”就是背后的股东之一。所以，在茶饮圈里，“奶茶妹妹”真正的昵称应该是“小天董”。

在她上述的两笔投资之后，甚至有个说法是“新式茶饮的一半江湖，都和这个 1993 年出生的女孩有关”。

而一年多之后，随着更多新品牌的涌入，“小天董”虽然占不了新式茶饮一半的江湖了，但现在可以说，新式茶饮的半壁江山都是“90 后”的：亿元融资的喜茶创始人聂云宸是“90 后”，连获两轮融资的 Teasoon 创始人江佳道也是“90 后”。

新式茶饮圈里的另一个明星光环来自羽泉组合，据本宫的茶创始人表示，他与羽泉是很好的朋友；而在许多媒体的介绍里，羽泉是本宫的茶的联合创始人。

咖评

“资源型”站台的形式往往可遇不可求。

（2）请名人代言

这一类是有意识地通过代言人进行目的明确的推广。

比如 CoCo 都可，在其增加了咖啡产品线之后，请到了 2017WBrC 世界咖啡冲煮大赛的冠军王策，展示其滤挂式咖啡的品鉴和制作方式，还将展示的过程拍成视频，在吧台上方滚动播放。

因味茶还有一个代言人，是在之前《最强大脑》节目中走红的“水哥”王昱珩，他一直被冠以“颜值”和智慧的担当，出现在因味茶的很多活动中。

（3）请“素人”塑造产品形象

对大多数品牌来说，这种方式更有参考价值和实践意义。

自然，对大部分品牌来说，明星代言是“可遇不可求”的，对资源、资金的要求很高。但是，在这个不缺“星”的时代，“网红”还是非常多的。于是，寻找“网红”或者干脆找来“素人”代言是很多品牌都尝试过的。所谓“素人”，指的就是普通人了，当然，往往也是“颜值高”的普通人。

这种代言更像是在拍品牌的形象图，找来形象好的“素人”，来张手里拿杯饮品站在花丛边的休闲图，或者一张奶茶放在一边、敲着电脑的工作图，或是张在大玻璃窗下男女朋友的交谈图……

当然，这里看的并不是代言人的流量或者号召力，而是在塑造一个满足消费者需求的场景，并且这种场景十分有代入感，能让小女生看到之后自觉脑补自己身在其中的感受，从而带来消费。

这样，不仅宣传了品牌，也在一定程度上塑造了品牌想要传达的理念。

（4）创始人自带光环

抹茶品牌無邪日式甜品，其创始人藏北在南京本地有一定知名度，無邪的一些活动偶尔提到藏北，往往都会有粉丝积极地互动。

02 合适的代言人，有这些标准

和有几千家门店的快餐品牌几乎可以打包当红的流量明星不同，对大多数只开几家店的饮品品牌来说，请代言人的门槛很高。但如果真有请代言人的打算，这里有几个标准可以参考。

（1）代言人“形象”一定要好

形象包括“颜值”和“人品”。在这个看脸的社会，对“颜值”的要求就不用说了。有个有趣的点是，在以女性消费群体为主的茶饮店，请颜值高的男性代言人，估计会比女性代言人效果更好。

另一方面，对代言人的“人品”也要有要求，尤其是公众人物，一旦出现负面新闻，很容易使品牌在消费者心中大打折扣。

（2）代言人气质和品牌调性相符合

代言人的风格可以是多样的，但和品牌气质相契合最重要。

代言人有一定特色或者更有发挥的余地会更加分，比如，网上曾有画师和家居品牌合作，其画画的特长可以在品牌产品中发挥，推出联合产品，也算比较深度的合作了。

另外，代言人也可以有一些新意，比如，西尾抹茶不按常理出牌，还请过小女孩做代言。

（3）如何和代言人“擦出火花”

有了代言人，玩法也很重要，除了最基础的拍拍宣传图，或者请视频主播做做网络直播节目，把一些有趣的创意融入代言中，方能呈现出更佳的效果。

总的来说，请代言人这个事要按顾客所需来做，实在不行，可以先从招聘“颜值高”的吧台小哥开始。

Chapter 5

第五章

人——饮品店的招聘与获客

1. 星巴克的隐形员工福利

作为人才富矿，星巴克的人才是出了名的“难挖”，行业中甚至流传“50 万元年薪挖不走一个星巴克店长”的说法。

走进任何一家星巴克，你几乎都能品尝到一杯出品稳定、体验不错的咖啡，也能看到店员脸上的“迷之微笑”。

让全国 100 多个城市 2000 多家门店里的 30 000 多名伙伴，在一个极度重视主观体验的行业，保持提供高度稳定的体验水准，这几乎是一个奇迹。

马云曾在一次演讲中讲道：“星巴克员工发自内心的笑，是培训不出来的。”

就此，我们采访了星巴克中国人力资源副总裁余华女士。她从星巴克的福利设计、晋升途径和企业内部文化三个方面为我们进行了相关解读。

01 雇主秘籍：“隐形福利”效用显著

同行业中能提供有竞争力薪酬和完善的五险一金的企业很多，但星巴克的员工却相对最稳定，外界不少人将之归结为“隐形福利”。

星巴克的“隐形福利”到底有哪些？通过多方考证，“咖门”收集到如下消息。

① 咖啡师进阶计划：提供黑围裙咖啡大师、棕围裙咖啡公使等认证。

② “伙伴识天下”计划 和“ 伙伴回家”计划：员工可以申请到不同地区甚至海外门店工作，或者申请回到家乡门店。

③ 门店小伙伴可以享受长达 20 个工作日的带薪年假，另还有 12 天带薪病假。

④ 住房津贴计划：星巴克为全职星级咖啡师和值班主管提供每月住房津贴。

⑤ 咖啡豆股票：包括兼职员工在内的所有员工，每年都可以按年薪的一定比例获得期权。

⑥ 星享假期：连续服务超过 10 年的星巴克伙伴可申请享受长达 12 个月的无薪带福利假期。

⑦ 星基金：用于为伙伴在重要关头或急需要时提供必要的经济援助。

通览上述福利不难发现，传说中的这些“隐形福利”包括人才发展计划，也包括多样化的成长机会。星巴克到底是怎样激发员工的“迷之微笑”的？我们有这样几个发现。

（1）对员工设身处地的人文关怀

星巴克的企业文化十分重视“人文精神”，或许也是为数不多的将此写入公司使命的品牌之一。

比如“伙伴识天下”计划，对星巴克来说，这是不同市场的机制调动和人才交流，不仅满足了年轻人渴望看世界的心理，切中了员工的爽点，也能让不同市场的服务经验相互交流。

2015 年这个项目的海外第一站是新加坡，有 20 位中国咖啡师去工作交流 1 年；而在迪士尼小镇的星巴克旗舰店，一开店就吸纳了来自 48 个城市的近 110 位咖啡师，其中有十多位也是通过这个人才交流项目选拔而来。

同时，也可以看到，“伙伴回家”计划，与“伙伴识天下”计划是一体两面的人才交流计划。长期在外地工作的员工，到了一定年纪想要返回家乡照顾父母，又不想中断职业生涯发展，协助员工调回家乡门店，这无疑是一个贴心的计划。

余华说，首先企业管理者要把员工当家人。在制定人力资源政策时，要深入基层，了解第一手资料，只有这样，才能让员工感受到被理解。企业在员工福利和职业发展设计上要精准，要设身处地地考虑这些年轻人当下最需要什么，理解万岁！

相比之下，很多传统企业端午发粽子、中秋发月饼、过年发桶油的福利发放，是不是显得太过粗放了？

（2）解决员工当务之急

余华表示，对企业而言，真金白银的投入一定要切实有效地解决员工“切近的问题”，对员工的“投入”，就是对企业本身的“投资”。

以“住房津贴”为例。目前星巴克（中国）的伙伴构成中，有90%是28岁以下的年轻人。考虑到年轻人群事业和生活起步初期最经常面临的租房难题，住房津贴应运而生：入职半年以上的全职咖啡师和值班主管，每月可获得住房津贴。据了解，星巴克每年在此项目上投入数千万元。

在星巴克，有许多一起合租的伙伴，甚至有些是一家人（夫妻、母子等）。因为同时都能拿到住房津贴，他们可以在原有住房预算的基础上，把每人新增的福利合在一起，选择更好的住房条件。住房津贴对一个家庭的帮助会更明显。

在余华看来，解决员工租房问题，解决的是“投其所需”。而“星基金”项目更是表现为“雪中送炭”：家中突遇变故或意外状况的伙伴，都可以申请。

“如果我们做一个养老计划，虽然投入很大，但伙伴短期内享受不到，至少不是他们的当务之急。”

（3）隐形福利设计和用人机制相互融合

荣誉也是一种“福利”，星巴克设立的“黑围裙”咖啡大师、“棕围裙”咖啡公使等咖啡技能认证，虽与薪水和职务升迁无直接关联，但却有效激发了员工练习核心技艺的热情。

值得注意的是，这种荣誉不是终身的，每年都需要重新认证——企业的专业技能学习氛围就是这样维护出来的。星巴克内部两年一度的“咖啡公使选拔赛”，更是一场内部盛事，吸引诸多年轻员工跃跃欲试，角逐唯一的“棕围裙”。

另外，“伙伴识天下”计划实际上更是人力资源调配的需要——比如新近开业的“全国最忙”的迪士尼小镇门店，那些来自全国各地的精英伙伴的一句“家乡话”，或许就能抵消各地游客因人太多而产生的不满情绪。

（4）从战略高度匹配隐形福利

事实上，星巴克“伙伴回家”计划等隐形福利背后，折射出的是其在中国市场的快速发展，以及向二三线城市渗透的提速。

余华举例说，住房津贴福利从人力资源角度说，容易吸引优质的人才，对每年需要吸纳 10 000 名员工的星巴克来说是有必要的。

况且，星巴克的开店策略是一旦进入某个区域市场，就会持续深耕，实现规模优势，在一定程度上也使福利能够惠及更多员工。

02 雇主之道：人才内部培养为主，晋升机会清晰透明

作为人才富矿，星巴克人才是出了名的“难挖”，行业中甚至流传“50 万元年薪挖不走一个星巴克店长”的说法。

余华表示，星巴克店长级人才的流失率长久以来保持在个位数——在

同行业中，这是一个极低的水平。

除了各种福利，清晰、透明的职业晋升途径，是星巴克留住人才的另一个办法。

在星巴克广为流传的一个典型案例是，曾有一位普通的门店店员，成长为区域经理仅仅用了一年时间。

“伙伴只要能看到自己的职业发展阶梯，就知道自己通过努力‘一切皆有可能’。”余华表示。

星巴克的伙伴资源部门（即人力资源部）针对员工的职业发展，设立了以下晋升途径。

值得一提的是，星巴克所有空缺职位优先对内部员工开放。而且兼职员工与全职员工，在招聘、培训、考核、薪酬等各个环节中的待遇和标准都是一样的，包括共享咖啡豆股票，只是对工作时间的要求略有不同。

另外，兼职伙伴也可升职成为主管，这也解释了为什么兼职伙伴中的较大比例会转为全职伙伴。

随着星巴克每年在华新开500家门店的快速发展，职务升迁的机会正在变得越来越多，这对人才来说，也意味着更多的发展机会。为规避可能随之而来的风险，星巴克把管理的重心聚焦到“人”身上。

星巴克筛选伙伴的标准看上去很宽泛：热衷服务行业、阳光、热爱咖啡，有团队协作精神、人文精神……但这其实是对应聘者提出了更高的要求。“最能打动星巴克的，是应聘者与星巴克人文精神的契合度”。新增的伙伴 70% 来自高校校园招聘，90% 以上的伙伴拥有大专及以上学历。

2012 年成立的星巴克（中国）大学，则为越来越多的星巴克伙伴建立了学习提升的生态系统。为了适应快速增长的伙伴人数，其开发的“移动校园”已在 4 月开通。员工可以随时随地通过手机选择近百门课程，并获得相关培训推荐。

鲜为人知的是，这个拥有零售学院、领导力学院、职能学院、咖啡学院的星巴克大学，所有教师加在一起才 20 多人，却要面对全国超过 30 000 名伙伴。单从师生比上看，这是件不可能完成的事情。

实际上，星巴克有许多兼职的伙伴教授，他们有的是门店经理，有的是部门总监，都自愿承担星巴克大学教师的职责——“导师就在你身边”。

无论是职务升迁还是更酷的岗位，一切都是可以通过努力争取来的。

03 雇主理念：想要顾客体验好，先让员工体验好

传统的服务业，正在面临消费体验升级的“大考”，如何给消费者提供越来越精致的体验感，是无数品牌殚精竭虑的事情。

但在余华看来，很多人忽略了这样一个事实：真正的顾客体验，是发生在员工和顾客之间的真诚交流。

“很简单的一个逻辑是：伙伴们觉得体验好，就会用微笑感染顾客，顾客很开心，他们就会再回来，伙伴也就更有成就感。”

敏感的企业似乎都意识到了这一点。

“西餐一哥”王品集团同样正在把目光转向员工。王品 CEO 李森斌曾向我们透露，一年中他有半年时间在巡店，目的并非考察运营管理，而是传达作为“家人”的热情与关怀。“我一年要握 5000 双手，拥抱 5000 次同仁。”

相似的，马云也很少参加投资者大会，“但是我一定会参加员工家人大会”。

星巴克内部的“伙伴文化”，被视为向中国传统“家文化”的致敬。

这在零售行业里并不常见。但正是对伙伴这种来自人心深处的人文关怀，让全国 100 多个城市 2000 多家门店里的 30 000 多名伙伴，在一个极度重视主观体验的行业，保持着高度稳定的服务水准。这也是星巴克多次被第三方机构评为“全球最佳雇主”的核心原因之一。

余华认为，在消费体验升级的背景下，品牌想要长足发展，不仅要懂顾客、懂市场，更要懂员工。“可以说，为员工提供好的工作体验，已经成为企业长足发展的新型竞争力。”

2. 你招不到的“95 后”，都去了哪里

餐饮行业拼产品、拼服务，终究要拼顾客的体验感，而顾客的体验感，来自与员工的每一次互动。

“许多人来来去去，相聚又别离……”这句歌里，唱得分明就是咖啡行业人员流动频繁的现状啊！

常有咖啡馆老板抱怨，“招人”不容易，留住人更难。

与之形成对比的是，不仅“50 万元年薪挖不走一个星巴克店长”，很多“挑剔”的“95 后”甚至在大学在读期间就喜欢到星巴克兼职。

星巴克为什么能成为年轻人眼中的“别人家的公司”呢?

01 传说中的“别人家的公司”

每到毕业季，空气中总是弥漫着青春不肯散场的气息。有句话怎么说来着：“新人是最锐利的刀锋。”不知多少企业在这 2 个月期间摩拳擦掌，想从人才战争中抢得先机，为后续的发展做储备。

可是，其中不少企业在热闹中铩羽而归，尤其是餐饮业：

微博、公众号、朋友圈，能想到的招聘平台全发了；

梦想、星辰大海、夕阳中奔跑，海报里遍布青春元素；

或插科打诨，或卖萌撒娇，或含情脉脉，文案简直太走心；

结果 1 个月过去了，自己修炼成了“金牌段子手”，“新鲜血液”还是没着落。

“薪酬要说不算低啊，还管午饭，怎么就那么难？”

而这天，啡姐照惯例在星巴克写稿子，没灵感发呆的几分钟工夫，看到不止一个学生模样的年轻人，在向星巴克伙伴询问招聘事宜。

星巴克近期有什么招聘公告？我是没看到。后来他们成功入职了没有？我也不清楚。但在那短短几分钟里，年轻的求职者那种略有慌张又满是期盼的眼神，着实令人印象深刻——这估计得是多少企业求而不得的呀。

诚然，餐饮业人才流动大，招聘难不是一天两天了，但抱怨着“现实”的你有没有想过，为什么星巴克成了年轻求职者眼中的“别人家的公司”？

02 “95 后”看好的企业都有哪些特征

蝉联各种“最佳雇主”，分析文章比比皆是，论吸引年轻人的功力，星巴克修炼已久。

（1）归属感：设身处地的关怀

2017 年 4 月，星巴克公布了一项新福利：

自 2017 年 6 月 1 日起，所有在星巴克（中国）自营市场工作满两年且父母年龄低于 75 周岁的全职伙伴（员工），都将享受到一项全新的“父母关爱计划”——由公司全资提供的父母重疾保险。

从“住房津贴”计划到“伙伴识天下”计划、“伙伴回家”计划，再到如今的“父母关爱”计划，星巴克的福利设置始终围绕一个关键点：伙伴需要什么。

“通过调查发现，中国的伙伴最关切的是父母的身体健康。这可能是我们在美国没有的人生体验。”2017 年 4 月，星巴克董事会执行主席霍华德·舒尔茨在清华大学的演讲中，这样解释“父母关爱”计划设立的初衷。

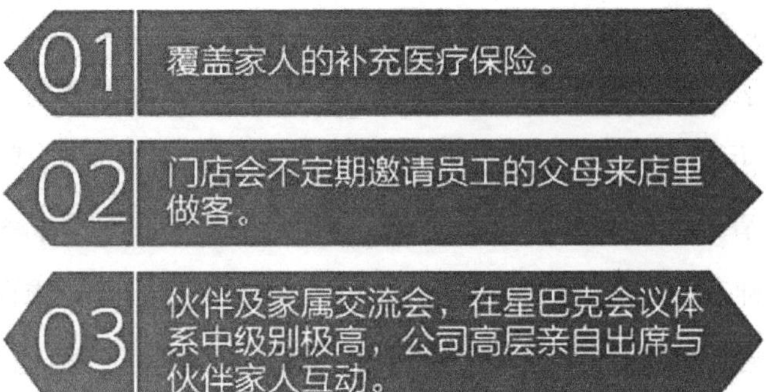

▲涉及员工家人的“伙伴文化”

这种设身处地的关怀，与其说是用福利待遇留人，不如说是以情感留人，并且星巴克将这种情感延伸到了亲情之中。

（2）认同感：能被看到的光亮

伴随6月毕业季的到来，星巴克中国又有新动作，看上去无关经营——在公司的倡议下，许多门店都为即将毕业的兼职大学生举行了专属的“毕业仪式”，成都的Alam就是毕业生中的一位，这个刚刚从大学毕业的姑娘，与伙伴围坐在一起，手握咖啡，笑得很甜。

引起我注意的是她在星巴克的职业履历：从一个入星巴克兼职的懵懂大学生，两年后，22岁的她已成为一家星巴克门店的值班主管。

兼职做到门店管理者的岗位，对很多零售业态的雇主来说，几乎是不会去考虑的事情，而类似的伙伴在星巴克却很常见。

曾听有人给餐饮店支招儿，大意是说，善于运用兼职员工，能让门店在高峰期不至于在排班上手忙脚乱，并且节省更多的人力成本。

仅仅从雇主本位思考，兼职基本等同于临时的帮工。而星巴克却把等号画向了另一端——全职员工。

据了解，星巴克所有空缺职位优先对内部员工开放。而且兼职员工与全职员工在招聘、培训、考核、薪酬等各个环节的待遇和标准都是一样的，甚至包括共享咖啡豆股票的收益，只是工作时间上的要求略有不同。

（3）信任感：满足个性化的雇佣体验

信任感首先来自一种品牌竞争力的彰显。一个势能强的品牌往往会在大众心理留下靠谱的认知从而降低选择成本。这一点，星巴克已经在漫长的市场深耕中先声夺人。

而新一代的年轻人要求得更多，他们不只希望有竞争力的薪酬，对于雇佣体验，他们甚至有一套全新的标准。

工作环境与氛围对不对胃口；是否要处理纷繁的人际关系；原本的爱好将被发挥还是压抑；有需求的时候企业能不能听到自己的声音；或者也可以很简单，在这里工作听起来酷不酷……

所以为什么你能看到，星巴克的咖啡师几乎没什么专业限制，而是更强调阳光、人文精神、有爱；以及，为了留住人才，咖啡师可以自由申请回到家乡的星巴克门店，或者通过“伙伴识天下”计划转移到自己更喜欢的城市去上班。

星巴克试图用各种可能的途径向伙伴说明：我在倾听你的声音并值得你信赖。

只要是具有星巴克“精神气质”的年轻学生，踏入星巴克工作的第一天就会得到一个“师父”。在咖啡这个非常强调手工出品的行业，师徒关系最大程度地保留了星巴克需要的文化传承，也给还未走出校园的“徒弟”们的职场第一站就设置了快车道。

（4）成就感：自由展现天性和才华

“95后”是极其多元化的一代，个性十足，这一点或许让老板们喜忧参半。各地星巴克伙伴中，专业学习艺术、绘画、民族舞、乐器、哲学、农业和土木工程的都有，而在咖啡面前，这些多元化的背景却毫无违和感。

星巴克在给予伙伴个性展示机会这件事儿上，“尺度”也很大。

比如，在武汉开设的全国第一家融入艺术展览概念设计的创意天地星巴克门店，俨然培养出了星巴克武汉的一支明星团队，从店经理到管理组，再到普通咖啡师，几乎每个人都有那么几项拿得出手的才艺；从主持到演出，从台前到幕后，星巴克的伙伴都可以全部包办；还未毕业的兼职伙伴与艺术家坐在一起，也能面对上百人，自信地侃侃而谈。

更重要的是，他们并不把这当成“工作任务”，而是自己发挥天赋的舞台。

咖评

星巴克倡议的价值观：欣然接纳和欢迎每一个人。

03 结语

霍华德·舒尔茨在清华大学的演讲中提到，星巴克的“金字塔结构”中，顶层的塔尖部分是员工，中间是顾客，底层位置才是股东。

“仁慈、怜悯心、人文精神、爱，这些词汇也许不常在商学院的教科书里出现。但是这恰恰是我们打造一个长期、持久、繁荣的企业的基石。”他如是说。

与星巴克类似，一些有远见的企业已经意识到，要想让顾客有美好的消费体验，须先让员工有美好的工作体验。

咖评

员工服务好的基础，源于其好的工作体验。

比如，海底捞认为员工是企业内部最大的顾客，只要做到大堂经理以上，就可以给父母发养老金；比如，王品奉行“一家人主义”（We are Family），把顾客当恩人，把同仁当家人，有钱大家一起赚……

餐饮行业拼产品、拼服务，终究要拼顾客的体验感，而顾客的体验感，来自与员工的每一次互动，可见，员工举手投足间展示出来的愉悦有着十足的重要性。尤其在“95后”员工潮来临的时候，读懂他们的需要，才能读懂顾客的需要。

"员工即顾客"，找回惯性缺失的价值认同，提升员工自身的体验，正在成为服务行业的关键竞争力。

3. 会员卡：别小瞧一张卡片的"算计力"

信任成本太高，让会员制在国内许多商业领域中"形同虚设"。有些甚至被简单粗暴地贴上了"储值、打折"的标签。

其实，一张卡片的"算计力"是惊人的，尤其是在"社群经济"环境下的咖啡行业里。

围绕人性来"算计"，本节我们来看看会员卡有哪些细腻的玩法。

01 咖啡巨头的会员制

要说"升级"本身也是人性偏好的一个游戏。星巴克的会员卡在中国一直以来是这样的"升级"规则：50 元一颗星，升到金卡要累积消费 1250 元。

每张会员卡 88 元，包括 3 张买 1 送 1 券，1 张早餐券，1 张升杯券。

早餐券和升杯券，迎合的正是消费者那些莫名其妙的"身份感"，暗地里还觉得值回了票价（早餐券真的是很难用到，升杯券价值 3 元……）。

而买 1 送 1 券的设置，既迎合了老顾客的"面子"需求，又抓住了一批潜在顾客。而且，它巧妙地把决定优惠多少的权利交给了消费者。

在"买贵的才能赚回来"的念头驱使下，消费者往往更倾向于单价高的产品。而对星巴克来说，不同咖啡的成本却是相近的。

另一个咖啡巨头 Costa，则采取的是"一次购买，永久 9 折"的会员卡策略。

仔细算来，消费者花了几十元钱购卡，其实什么也没得到——除非在Costa店里消费。

而对Costa来说，这张卡既斩获了利润，也牢牢锁定了购卡的消费者，让他在喝咖啡的时候，几乎都会选择Costa。

看，它们就是这样哄你花更多的钱，然后还让你觉得占了便宜的。

02 社群环境下的“会员制”

除了像星巴克、Costa一样解决人性中“占小便宜”“爱面子”的爽点外，会员制发力的另一个方向则是解决信任危机。

舶来的商业会员制，在中国消费市场上一直不温不火。

长久以来存在的商业伦理和消费习惯问题，似乎让中国消费者更倾向于一次性消费，减少被“忽悠”的可能。

因此，在国内大部分行业中，会员制形同虚设——除了消费者会不停接到那些莫名其妙的新品推销电话。

而实际上，在社群经济的环境下，玩好“会员制”往往会为咖啡馆带来出人意料的效用。

这通常需要设定门槛、规则，以及趋同的价值观。

社群模式更适合那些拥有独立品牌、更强调个人气质、更小众的行业或团体。比如一些会员制的企业家俱乐部，以及高度独立的区域咖啡馆。

03 一家咖啡馆的会员制应该是怎样的

移动互联网时代，实现会员制的形式非常多，关键在于如何“算计”。

那么，什么样的会员体系和用卡规则，更适合一家咖啡馆呢？

或许可以根据你的需求，借鉴以下几个方法。

（1）储值模式，保持足够健康的现金流

各类新式网吧是典型的例子，前期硬件投入成本大，保持充足的现金流是其首要需求。

储值模式的特点在于——充值方能消费，附赠金额不小，往往超过充值数额的 30%，并且推荐新会员同样会有不少的额度入账。因此，在前期计算好的情况下，吸引会员的效果相当可观。

但对不少顾客来说，咖啡需求尚属于“伪需求”。动辄上千元的“会员卡”，不但推销意味强烈，对消费者也是压力。

“咖门”了解到的一家咖啡馆，推出了充 200 元送 30 元的会员卡——该店仅靠办理会员卡一项就月入 8 万元。

（2）跨界联盟，扩大获知渠道与影响力

快捷酒店是会员制比较成熟的领域，几大品牌各有千秋。咖门觉得值得一提的是它们跨区域、跨界联盟的案例。

星空联盟会员，则是另一个跨品牌的案例。

它们通过与目标消费群体相似、可以满足其不同需求的行业的联盟，抱团合作，共享优惠资源，其品牌获知渠道和影响力将得到指数级的提升。当然，前提是你得选好合作对象。

（3）身份象征，以专属产品与服务提升附加值

护肤美妆店是这一类型的代表，满额换购与会员专享，极大地满足了消费者对身份的认同感，尤其对普遍偏冲动型消费的女性来说，“杀伤力”

十足。

另一个更加有代表性的案例就是黑卡。

想想看，对一家气质卓越的独立咖啡馆来说，在成本可控的情况下，如果成为会员就能拥有一个专属的签名马克杯，无形中就与消费者产生了一种连接——“瞧，我就是那个最特别的。”

4. 咖啡馆如何建立社群

社群经济听上去很高级，做起来好像又没什么成本，最重要的是——咖啡馆与社交的契合感如此之强，哪有不做之理？

可是，真的是这样吗？

01 要找到聊得来的伴，没那么简单

咖啡馆主小L最近有些苦恼。

他的咖啡馆开在一片成熟社区群中，开业那阵儿，只要他在店里，就和许多顾客都互加了微信，积累下来的也有二三百人了，于是他建立了一个微信群。小L对这个群是下了功夫的，不仅在网上扒了不少帖子学习如何维护，甚至在原本就不多的店员中专门安排了一人做维护工作，以便让“社员”们在这样温暖文的艺场所时常小聚、联络感情。一方面，自己咖啡馆多了一份可期许的收入；另一方面，他也想策划一系列技能分享活动，这些人是他理想的首批参与者。

然而不到三个月，小L发现，活跃度太难做了，无论是活动预告还是

优惠密码，响应的人也越来越少，来来去去几乎就两三个人，往往是“雷声大雨点小”。直到最近一次活动，20 人的名额竟然只来了 1 个人。

建社群容易，做好社群经济难，这实际上是很多社群组织者都面临的窘境。

咖评

人人玩手机，并不代表人人愿意和你玩儿。

移动互联网时代，手机几乎成了人们身上的一个“新器官”。社群看上去很美——人们几乎可以随时随地同时在线，频繁沟通、共享资源、彼此信任、凝聚力强大。然后似乎就能像滚雪球一样，圈子越来越大，相应的经济效益也越来越大，发展空间无限。

喂喂，醒醒吧，还记得你开的是一家咖啡馆吗？

不说别的，多少现实中的微信群，除了发红包的时候能感受到成员的热情，其余时间都是被选择为“消息免打扰”的呢？就算大家都有社交需求，但作为组织者的你又拥有多大的号召力呢？

缺失了号召力，哪儿来的掌声喝彩？没有掌声喝彩，哪儿来的参与者？没有参与者，哪能愉快地玩耍？不能愉快地玩耍，还要这个群做什么？

02 这些咖啡馆是如何玩转社群的

那么就没有咖啡馆能把社群经济玩好吗？当然不是。

比如星巴克，星巴克早已在“第四空间”大展身手。持续互动带来的极高顾客忠诚度，让星巴克一款新品、一个马克杯、一张星享卡都能成为消费者心甘情愿讨论、拍照、点赞的对象，高频次的曝光量又持续地增加了其品牌势能，形成良性互动。

这背后不仅有着一套严谨的商业逻辑，形成了自己的一套生态系统，更关键的，是消费者对星巴克品牌的认同。

星巴克只有一个，我的小小咖啡馆怎么办？同样有做得不错的先行者。

比如 Never Coffee 曾推出的微信“叫早服务”（预存咖啡费用—喊你起床—成功返红包，详见下一节）。

听来是个噱头满满极富玩味的话题事件，实际上，这个活动不仅“预售”出了产品，还真正植入到了消费者的生活中。

再比如重庆野兽花园咖啡（详见本章第 6 节），在微信的功能开发和数据运用上下足了功夫，先做好了客户体验与维护。

当其弄了一个山头，准备打造一个咖啡版时尚“农家乐”的时候，有许多真粉丝积极参与献计献策。关于这个“山头怎么玩儿”的话题，顾客在咖啡馆当天的推送里讨论很激烈。

或者，你的商业模式设计本身就和社交有着强关联。

比如 KK 馆“前店后馆”（零售 + 咖啡厅）的模式，在其线上购物 App 相应的社区功能中聚集了一批购物达人、“网红”等意见领袖，他们会在 App 中发表相关购物推荐和产品的使用心得。这种分享，本身就容易吸引其他用户点击收藏，加之 KK 馆产品的丰富性，增加了其线上的顾客黏性。当 KK 馆实体店进入一座城市时，同城消费者基于这种关联，开展线下活动就会顺畅得多，甚至可能实现自组织。

03 结语

站得住脚的核心竞争力、拿得出手的顶层设计、狠得下心的人员配备、开得了眼的新奇方案。这些是咖啡馆想在社群上做出名堂的关键要素，当然，这对社群成员也有着极高的要求——你不仅需要一个深度咖啡爱好者，他还要是你品牌的死忠粉、积极参与的“热心宝宝”、善于表达的意见领袖。

咖评

想玩转社群经济，三头六臂你都得有。

对初生的咖啡馆或饮品店来说，把重心放在社群营销，说真的，不怎么现实。

当然，如果你做好了这些准备，并有着肯花工夫、不怕白费劲的觉悟，啡姐要给你点个赞，而如果仅仅是想着建个群没事儿聊聊天，就感觉能有人持续捧场，并幻想着美好的未来——少年，你还是太年轻了。

5. 咖啡馆的场景营销

微信营销如何做出新意？不少咖啡馆老板不是沉浸在自己的营销中“自嗨”，就是天天都在绞尽脑汁地思考。

而一个咖啡品牌推出的微信“叫早服务”，或许能给你一点灵感：每个工作日发一条微信语音叫你起床，有声音甜美的软妹子，还有俞敏洪这样的商业大咖。

这种服务的效果怎么样？背后的逻辑是什么？值得参考的价值又在哪里呢？

01 储值卡新玩法——让大咖来“叫早”

一年前，一家叫做 Never Coffee 的咖啡品牌，在微信上推出了“叫早服务”。

其品牌创始人刘左飞向内参君介绍了这个“特别的服务”：

（1）预存 240 元，向该咖啡品牌微信客服预约起床的时间；

（2）到点后，客服发送语音消息叫你起床——此谓“叫早服务”；

（3）5 分钟内按规定完成操作或回答问题，即算起床成功；

（4）起床成功立即返还 10 元红包；

（5）起床失败则从预存款中扣除 10 元（累计一个月后，根据所扣总金额向顾客寄送等价咖啡）。

让人备感新鲜的是，喊你起床的语音消息中，既有声音甜美的软妹子，更有俞敏洪这样的商业大咖——后者正是这家咖啡品牌的投资人之一。

根据设定，每天都能按时起床的人，还将获得奖励——包含系列咖啡产品的“努力卡”。

- **对消费者来说，**“叫早”既好玩，又接地气，而且看上去怎么都不吃亏。
- **对商家来说，**不但预售出了产品，同时也获得了顾客对品牌的信任和依赖。
- **对行业来说，**“叫早”不过是个营销噱头罢了，噱头背后，“储值卡”的新玩法值得大家参考。

看明白了没有？让大咖来“叫早”，不过是将“预存会员卡”的机制植入到了一个好玩的游戏中。当消费者还在为 10 元红包纠结起不起床时，其实他早已躺在这家企业的大数据未来中了。

02 玩转微信——参与感 VS“自嗨”

消费者从来不缺乏互动的热情，只是，单纯的利益刺激早已让他们产生了审美疲劳。

为消费者提供玩要机会，而不是“自嗨”，是 Never Coffee 把微信玩的风生水起的原因之一。

比如“叫早服务”中设计的第 3 步，不仅是为了起到监督你起床的作用（也许对方根本不在意你到底起了没），对方需要的，是你的“操作”和“回答”。

再如，同样是在微信中，刘左飞和他的团队推出的“合伙人”模式：

（1）粉丝生成自己的专属推广海报及二维码，并分享到朋友圈或群发给朋友；

（2）通过扫码并成功购买后，推广的粉丝就会收到相应的收益，并可提现。

参与其中的“合伙人”，成了品牌的永久 VIP，可参与到新品推出的评测中。

“合伙人”模式只是商家吸引粉丝的另一种玩法。与传统销售漏斗不同，这个模型不再依附于渠道的流量。它从底部目标客户出发设计产品，深入了解这些最活跃的人，培养“意见领袖”与“发烧友”，再逐渐通过他们的社交关系，将产品辐射至更多的群体。

说起来，这种“合伙人”玩法不算新鲜。只是，当海报打上“专属”的标签时，粉丝的转发动力或许真的不只是“相应的收益”了。

03 场景营销——简单、有趣、有用

当人口红利逐渐消失，如今的主流消费者对新事物见怪不怪时，商家头疼的时候也就到了——即使给消费者直接发钱，他们也要向你讨一个理由。

娱乐化的场景才能取悦如今对新事物见怪不怪的主流消费者。这绝非商家开个微信公众号，做个内容营销“自嗨”就可以了事的。

在以社交网络为基础的新媒体平台上，企业必须主动去了解消费者的喜好与习惯，力求与消费者建立良好而稳定的关系，促进消费者重复消费。

其实，星巴克也曾借助手机 App 推出“星巴克早安闹钟”活动，来配合其早餐的上市。

▲星巴克也曾借助手机 App 推出“星巴克早安闹钟”

粉丝只需下载一个手机 App，每天早上的 7 点至 9 点，在闹钟响后的 1 小时内到星巴克门店签到，就能半价享受早餐新品。

再看前文提到的在微信上玩儿“叫早”的这家咖啡品牌。它在面对消费者设计参与方案的时候，也采取了与星巴克相同的原则：设定简单而有趣，效果实在而有用。

6. 如何用微信“逆袭”一线咖啡馆

取消收银台，“烧”掉菜单；

十几万本地精准粉丝，70%的微信点单支付率；

两年时间，依靠微信已经开至四家店，甚至想要在山上修建一家咖啡馆；

……

重庆的这家咖啡馆，看上去有点“任性”。

同样是通过微信卖咖啡，为何他家卖得既有趣又有利？

01 对标漫咖啡，从互联网方向破局

临湖而建，绿树环绕，这家藏在重庆财富中心边上的咖啡馆，颇有些遗世独立的感觉。这是野兽花园咖啡的第二家店。就是从这家店开始，它们推出了“二维码微信点单”的功能。

野兽花园咖啡创始人黄峰是一个“理工男”，做咖啡之前做了十几年的汽车。

2013 年，当黄峰第一次走进漫咖啡的时候，整个人都被震撼了——咖啡馆还可以这样开啊！他跑去求加盟，当被告知“在你前面，全国至少有 2000 人等着呢”时，他更加坚信了这是一桩好生意。用他自己的话来说，一般发财的都不会“乱哼哼”，因为没时间。随便就可以加盟的，不一定是好生意。

人家不给加盟怎么办？自己开一个！同样做大体量休闲空间，对标漫咖啡，要如何做到与众不同？

黄峰对漫咖啡进行了 SWOT 分析，最后发现，漫咖啡在空间的设计和体验上确实抢先一步，将大体量休闲空间的概念最先引进到了中国。但是它最大的短板就在于——没有与互联网挂钩。

“我大学时学的汽车工程，就是搞发明创造的，所以我一定要做一个与现有模式不一样的咖啡馆。”2014 年春节，微信发红包的火爆让黄峰看到了机会。同年 6 月，野兽花园咖啡的第二家店开业，全面接入微信点餐系统。每个餐桌上都有一个专属定制的二维码，顾客到店消费，没有收银台的排队点单过程，直接落座、微信扫码点单、支付，还能让不在店里的朋友帮忙买单，自助完成收银。

这种自助的线下创新方式，让咖啡馆大大节省了人力成本，每家店的工作人员从 20 人降到了 15 人。同时，有效提高了高峰期顾客的体验和服务员的效率。顾客不用在收银台排队，一个服务员就能同时服务七八桌客人。

在黄峰看来，微信改造了咖啡馆的整个业务流程，从顾客到服务员，从服务员到后厨，全部流程一体化集成到了微信里。

02 为顾客“画像分级”

如果只是微信点单支付，在 2014 年前可能算得上新奇，但很难保持长久生命力。顾客都是喜新厌旧的，如何增加回头客，提高粉丝黏性？

通过微信搜集到的数据，野兽花园咖啡对顾客的消费习惯进行了深入的研究和分析。

用黄峰的说法就是——为消费者“画像分级”。

根据消费者所处的地区、进店频次、喜欢点哪种类型的饮品，进行有针对性的推送营销。

比如，通过后台数据，野兽花园咖啡发现一位老顾客之前每次来都点美式，店里推出冰滴咖啡时，它就会对这位老顾客进行定向营销，发优惠券甚至免费请他到店内品尝新品。

再比如，野兽花园咖啡在解放碑的新店开业，其基于地理位置给公号后台所有在渝中区（解放碑在渝中区）的粉丝推送优惠，邀请他们来新店尝鲜。

在黄峰看来，微信数据的搜集，改变并拓展了两层关系。一是商家的关系。只要你注册了会员，下次再来的时候服务员就会直接叫出你的名字，并说出你爱喝的是哪种咖啡。二是改变了顾客之间的关系。我们可通过微信，知道你的邻桌是谁。你现在坐的这张桌子，之前是谁坐过的。正巧你看到旁边坐了一位帅哥或美女，想请他喝杯咖啡，通过微信平台就可以完成。

有趣就聚，做年轻人的社交咖啡。这是野兽花园咖啡的核心观点。

黄峰表示，如果有一天野兽花园咖啡开放加盟，甚至可以不收加盟费，但加盟店必须接入野兽花园咖啡的微信系统。

03 涨粉秘籍：和粉丝“打赌”，一个月送出 7048 杯免费咖啡

当然，除了微信数据，线下的传统服务一样也不能少。

处女座的黄峰时刻关注店里的每一个细节，他一到店里就忙个不停。

吧台的水果为什么还没摆上？顾客点单后为何这么久没上餐？他一边扫地一边询问当值的店员。

为了了解顾客需求，黄峰在第一家店开业的时候，在店里端了两个月的盘子。

除了日常服务上的细节，野兽花园咖啡也在不断利用各种线下活动，来增加线上粉丝的黏性和活跃度。

2015 年，野兽花园咖啡在股市“疯了”的时候做了一个“沪指涨到 3977 点，就免费送咖啡”的活动。

咖啡连送了一个月，活动结束时，一共送出了 7048 杯咖啡。

这次“明知要输”的打赌，为野兽花园咖啡带来了大量的新粉丝，也进一步增加了老粉丝的黏性。

看重基础服务细节，再千方百计地给顾客提供“高兴的机会”，涨粉看上去也不是一件困难的事情。

04 社群经济带给咖啡馆的可能性

2016 年，黄峰要在郊外的一块山头修一个悬崖边上的咖啡馆。

他弄了一个 550 亩的山头，准备在山头修一个喝咖啡的“洋气农家乐”。

至于具体怎么修，搞成什么样子，全听粉丝的，“农家乐”修好了还会邀请一部分铁粉上山来体验。

在黄峰看来，开咖啡馆在很多人看来是因为情怀，但这终究是一门生意，既然是生意，就要有清晰的商业模式。

虽然目前的 4 家店盈利状况都不错，但黄峰觉得还不够：“我们的品牌是非常健康的，梯队建设也在完善。我们希望在商业模式上有进一步的实践和创新。”

面向“泛 90 后”，做年轻人的社交咖啡，贩卖有趣，立足本地，在新媒体上继续发力。显然，互联网环境下的社群经济，给野兽花园咖啡带来了更多的想象力和可能性。

7. 如何建立顾客认知

本节我们来聊一下一个困扰了很多茶饮店老板的问题——为什么消费者谈起自己家的产品时，会评价说“便宜没好货”。

一位老板旗下数千家门店，是个老品牌了，产品价格很低，最贵的6元左右，在低价市场上叱咤风云。他在原材料选择上，提出了一个“买手文化”的理念，强调原材料的优质。而且更重要的是，他还早早在上游布局，在供应链和生态链上下了很大的功夫，想做大家都喝得起的好产品。

但是没想到，这在消费市场上带来了一些争议。消费者就是认为“你家的产品便宜没好货”，他为此感到很苦恼，也很委屈。

另一个品牌，起家于台湾，规模和品牌竞争力都不错。它的品控和系统管控都很厉害，扩张模式在业内也是出了名的稳定。其产品价格在8~12元，也不算低。但是，他也受到了“便宜没好货”的消费观念的影响。

01 顾客为什么会误解你

这其实不难理解。随着因味茶、喜茶等新生代茶饮的兴起，年轻化的“天派”中国茶和升级的“地派”奶茶相互融合，形成新的赛道。这也把茶饮行业产品的标准和价格，推向了新的高度。这种冲击对市场是很明显的。

随着消费市场健康意识的逐渐觉醒，大家渐渐给奶茶贴上了“高糖、高热量、高添加”的不健康印象。很多消费者已经默默接受了，一杯健康好茶的价格，就是要二十多元。

所以，挑剔善变的消费者，对你家产品刻薄地说上几句“便宜没好货”，也在情理之中。

但是，如果把消费者的这种抱怨只当做自己的一种委屈，那就有点危险了。在我看来，这其实是一种危机。这说明你的品牌和消费者之间已经形成了严重的信息不对称。

包装设计再到位，在顾客心中没有品牌认知也白费。往大了说，这很可能就是一个“死亡信号”。

02 了解新的品牌发展趋势

近几年，茶饮行业正在经历转型和变革，茶饮品牌的赛道确实已经转换了。那些传统奶茶品牌依靠上点新产品就能赚翻的好日子已经快到头了。

“消费升级”这个快被谈烂了的词，对茶饮来说，意味着什么呢？

我觉得很简单，这意味着新一轮占领顾客心智的比拼。从另一方面更直白地说，就是淘汰经营水平低下的品牌。

在过去十几年的竞争中，产品、价格、规模，往往决定了市场、利润和消费者认知。很多消费者对品牌的认知，是通过市面上看得到、喝得着的形象和产品，自发形成的。

但是现在趋势变了。品类认知和品牌竞争力，是新一轮比拼的关键。饮品里，星巴克是最明显的例子。

在新一轮的“注意力经济”带动下，你还指望消费者乖乖的、自发的对你产生认知？还要是好的认知？还要透过丑陋的门头认清你美好的初心？这不是痴人说梦，又是什么呢？

03 建立消费者对品牌的正确认知

在近几年新式茶饮转型的关键节点上，大部分老板对品牌的认知，还停留在比较浅薄的层面。不少品牌花钱做推广，当中很多就是推一推新上市的产品，草莓季啊，芒果季啊，然后看一看推广转化率，十几年来都是这么干的。这其实是很低级的。

品牌输出，产品是最底层的一档——虽然确实很重要，但真正放大你品牌价值的，其实是你的专业度和方法论的输出，或者说，是品牌形象的专业化输出。

消费者是最容易争取的，但他们的口味也是最善变的、忠诚度也是最低的。喜茶的品牌势能这么强，不在于征服了多少消费者，而在于它征服了很多同行。

消费者说你“便宜没好货”，这说明他们正在从心智上下意识地重新划分对你的认知象限。不知不觉间，你已经从一个还算知名的茶饮品牌，沦为一个不太健康、有别的选择就不会选择你的备胎品牌了。在消费升级的过程中，在茶饮市场转型和变革的过程中，当这种认知逐渐成为消费市场的共识时，结果就很可怕了。

所以，“便宜没好货”的误解不是你委屈不委屈的问题，而是你怎么认知品牌的问题，认知行业趋势和变革的问题。如果你的思维还停留在十几年前，很可能就像当年的诺基亚一样，不知道自己做错了什么，但就是失败了。

8. 如何应对顾客的“差评”

这一节我们说个“沉重”的话题——差评。

最心累的就是收到差评——“怎么总有这么多问题啊！”

比这更令人绝望的，是咖啡馆上了顾客心里的“黑名单”，永远被关进小黑屋。

在烦恼差评之前，不如先来看看咖啡馆要如何做好“危机公关”。

01 怎么莫名其妙就被给了差评

比起“产品太难喝”“价格太离谱”（这些毕竟是顾客进行了自主选择），有时候甚至“什么都没做”就被给了差评。其实，容易留下糟糕印象的，往往就是一些微小的细节。

（1）接待不及时

顾客进店，没人相迎；顾客找位，没人指引；顾客坐下，没人点餐。好吧，顾客走掉，估计你也不会看到。

“很重要的约会耶，还是我仔细挑的地方，可是坐下来半天没人搭理，场面就十分尴尬了。”期盼相亲成功的小 L 说到。满怀期待地进店之后，没人理，心理的落差还真不是一般大。

让顾客感觉“丢面儿”其实挺严重的，很容易使这单生意流失。

但吧台点餐也不是就绝对“安全”。

啡姐去过一个奶茶店，收银区和取餐区前乱作一团，想点餐都找不到位置，当然也没有人做引导。那天是周末下午，人比较多，小店店员不够，会变成这样也算可以理解。

然而，啡姐终于在夹缝中挤到了吧台前，当收银员看到我，却露出一脸很不耐烦的表情时，我感觉这钱真是花得很心碎。

（2）一问三不知

“小区门口有家环境不错的咖啡馆，和朋友一起去，想着搭配个甜点吧，选中了一款‘颜值高’的，可是，居然没有店员叫得出名字，什么口味的也不知道！”至今没想明白是什么情况。

这和咖啡馆主的培训意识密切相关。

咖啡馆忙时可能兼职员工会比较多，即使没法要求所有员工对店内所有产品都“知根知底”，但至少要考虑到，如果顾客提出员工不懂的问题，员工能有一套专业的回复，以便询问咖啡师、甜点师后再来解答。

咖评

仔细记录顾客可能会问到的问题，准备好一套随时能用的话术。

专业度上，有些企业的门店就做得很到位。“咖门”曾经报道过的大益茶庭，产品从口味到做法，几乎任何一个店员都能将流程走一遍。甚至，愿意免费做一杯员工饮品，满足顾客的好奇心。

（3）产品有异物

有异物确实是大忌，特别是带餐的咖啡馆，一道菜好吃到 100 分，有一根头发就会直接被判不及格。

值得注意的是，咖啡馆主及店员要摆正对“异物”的理解，啡姐从专业人士那儿了解到，一盘菜里的钢丝球碎屑算异物，那么咖啡里掉了一小块水果就不算异物了吗？再好的东西，只要和产品没关系，就都算异物；只要不是这个产品里原体该有的东西，都是异物。

一旦顾客提出问题并经过店员确认，店员就应该积极进行更换，这是处理好问题同时又兼顾成本的方式。

另外，要更换的产品，应先由吧台/后厨进行制作，端上新的之后，再把顾客桌上原有的产品端走，这样顾客的信任感与好感度都会提升。

（4）气味难忍受

如果说味道还要经过一段时间顾客才能感受到，气味可是从一进店门就无法掩饰的。

对一些咖啡爱好者来说，营业时间进店，店内没有明显的咖啡香味，这家店基本就要被“排除”了。更别说店里还有厨房飘出的油烟味、甚至，来自卫生间的气味。

“气味是一个重要标准，我去过一家店，本打算坐一下午的，可是忽浓忽淡的香氛味儿闻到后来让人觉得头晕，只好走人了。”常在咖啡馆办公的小N如是说。

02 处理差评的三个步骤

（1）想清楚：有意见的顾客最宝贵

遇到爱提意见的顾客，先别急着皱眉。

想明白一点，除了那些专门找茬的人，愿意提意见留言的顾客，得是有多希望你的咖啡馆更好啊！只要不是无理取闹，愿意提意见的顾客才是真爱啊！

啡姐听业内人士讲过这样一种说法，咖啡馆里的客人，可能只有 4% 是特别忠实的顾客，90% 的顾客随机性比较强，而只有 6% 的顾客是愿意提出意见的。

恰恰这 6% 的顾客，比那 90% 的顾客更容易转化为忠实顾客——因为当他们表达出自己的建议和不满时，正好也是你留住他们的机会。

（2）动作快：速效救急

能当场解决的问题，务必当场解决。

一方面，面对面往往是处理这类问题最快速有效的方式。

另一方面，在微博、朋友圈这种“大杀器”存在的今天，一个顾客意见没有及时解决，如果顾客向十个朋友抱怨，朋友中再有人来个二次传播，事情发酵后再补救的难度可就超出想象了。

顾客在朋友圈主动宣传有多受欢迎，在朋友圈晒差评就有多可怕。

（3）定好位：差评只会是差影响吗

差评谁都不愿看到，但是出现了，就要从三个方面回应：解决好事情，扭转差评顾客心中的不好印象，展示给其他顾客正确的态度。

网上教方法论的文章不少，“朋友式”“轻松诙谐式”，甚至不乏用“差评”做文章的案例。

啡姐曾看过一个消息，说是旧金山有家意大利餐厅，为“口碑最差”做足了努力，建议顾客在点评网站上给餐厅最低的一星差评。

结果是，这家店的“差评”留言五花八门，慕名前来的顾客却不少，不过这种玩笑式的参与和真实的差评也越来越难以区分。营销效果是达到了，但这样做，是不是有点儿“抖机灵”？

03 结语

说了那么多，真在网上被“差评”了怎么办？

用心回应，就事论事，切忌戾气，展现真诚。

该改进的改进，对咖啡馆经营思路有影响的，也别太轻易被左右。

不过，每条都回复：“尊敬的顾客您好！感谢您的评价并提出宝贵的意见，我们会及时改进！”结果一年过去了却一切如常的咖啡馆主——拜托，您还是“高冷”着吧。

Chapter
6

第六章

开店日记——饮品店经验谈

1. 在开一家小咖啡馆前，先听她算这样一笔账

开一家小小的咖啡馆，是个不错的主意。但在开始前，先来听这家咖啡馆的老板算笔账。

01 一杯咖啡挣 3 元，盈利要靠精打细算

昙华林是武汉新近两年兴起的像北京南锣鼓巷一样的文艺老街。像所有的老街一样，这条千米长的街上，遍布特色小吃、工艺小铺、独立书店、手工店……以及十余家小咖啡馆。

几年前，张小落在这条街上租下一个 70 平方米的店面，开起了咖啡馆。

“我开一间这样的小馆子，是不赚什么钱的。不过是为了有一个属于自己和朋友的空间。”

她给咖 sir 算了这样一笔账：养店期过后，基本一天能卖 25 杯咖啡左右，流水在 600 元上下，周末流水差不多 1000 元。

以一杯定价 25 元的拿铁为例，其直接成本包括：牛奶 2 元，咖啡粉近 2 元，纸杯、搅拌棒、糖包约 1 元，共计约 5 元。算上去，一杯拿铁的利润在 80%。

“可怕的是间接成本。”张小落说。

房租一年将近 5 万元，装修和设备投入约 15 万元，后来还换了磨豆机和咖啡机。此外，电费每月近 1000 元，网费每年 600 元，水费每月近 400 元，耗材每月 200 元。

“这么折算下来，一杯咖啡的纯利润能保持在 12% 就不错了，相当于一杯拿铁的纯利润是 3 元。连上周末，平均每天的利润接近 100 元。另外

别忘了，你还要雇佣一个员工。”

看，开一家小咖啡馆，如果不精打细算，一不小心就赔钱了。所以，不要再埋怨你身边有的小咖啡馆老板总那么吝啬了。

02 开小咖啡馆，糊口容易发财难

“隔壁的那家咖啡馆加餐了，利润差不多是我们的两倍。这条街上只有两家咖啡馆坚持不加餐，我本身也不为赚钱，所以还是要坚持咖啡馆的调性。”张小落说。

而隔壁的这家咖啡馆主则向咖 sir 表示，即便加餐，到头来能赚出家庭的生活费就不错了。

“想靠开一家咖啡馆来发财是不现实的，真的想开这种小咖啡馆，最好是在财务相对自由的条件下。”

参差咖啡创始人王森告诉咖 sir，这种生活方式型的小咖啡馆，前期要控制投资额度，通过选址、限制经营面积来降低租金，经营上自己雇佣自己，以最大限度降低人工成本，这样活下来是没问题的。问题是这种形态的咖啡馆，怡情养性、养家糊口可以，但难以实现商业上的价值——发不了财。

首先，由于选址和空间体量的限制，让这样的一家咖啡馆难以在客流量和销量上有所突破。即使坪效再高，营收总量的天花板依然很低。更重要的是，这种自雇佣式的形态，在规模上、体量上很难扩张，基本有两三家分店就到头了。

据咖 sir 了解，西安、郑州等地多个曾经规模达到 5~7 家分店的咖啡馆老板，都在近几年关掉了大部分店，其中部分转向了咖啡培训领域。其中的一位咖啡独立品牌创始人告诉咖 sir，开店越多，你个人的精力就越分散，越自顾不暇。

于是，你只能倚重店长，让渡出更多的股份——毕竟小咖啡馆不像星巴克，无法靠上升通道拴住人才，所以店长几乎意味着一切。如果在店长人选上遇人不淑，那么反而要赔钱。

所以，随着店面数量扩张，利润变薄，风险却随之增大，创始人也会变得越来越累。

03 结语

咖 sir 觉得，至少在大规模的资本、技术、人才进入咖啡行业前，想开一家自己的小咖啡馆，并不太容易赚到钱。但如果你已经知晓了这笔账的算法，不介意财务上的数字，那么，开一家让自己开心的小小咖啡馆，又有什么不可以呢？

毕竟人活着，还是要去实现梦想的。否则，跟一条咸鱼有什么分别？

2. 咖啡狂人的另类生意

开在远离市中心、进入要登记的别墅社区里面，不卖成品咖啡、不对外营业，甚至连店名都看不出是家咖啡馆。这样的店会盈利？能存活多久都是个问题吧？

01 化不掉的咖啡渣

用刘让的话说，自己的店能活到今天，且活得不错，不能算是奇迹，更像是一种偶然中的必然。

上高中的时候，刘让的梦想是当个画家。他最初接触到的咖啡和很多人一样：一包雀巢速溶。当他熬夜画画时，一杯热气腾腾、有提神功用的速溶咖啡，能快速方便地给予他一种安慰。

后来到天津上大学，刘让能接触到的咖啡馆依然很少。当喝速溶咖啡已经成为他的一种日常时，转折点却来得毫不经意—— 一位好友的亲戚从国外带回来一包研磨好的咖啡粉，他和寝室几个哥们儿一起，用以往喝速溶咖啡的方式冲泡着喝，搅拌搅拌再搅拌，然而……总也化不开啊？怎么办？

本着不浪费的心理，沉淀的咖啡渣被他们嚼着吃掉了……

这种“生猛”的方式让刘让觉得“必有蹊跷”，他开始琢磨包装后面的说明，外文不懂没关系，设备、容器模样的图示，深刻印在了他的脑海中，原来除了开水一冲，咖啡还有看上去如此特别的制作方法。很快，他买了人生中第一个和制作咖啡相关的器具：虹吸壶。第一印象的美好和那种颇有实验室意味的精确感，让刘让至今对虹吸壶有所偏爱。

此后的一段时间里，一到周末，他就到当时还为数不多的咖啡设备售卖处了解、打听、询问。“第一批相关知识是从卖咖啡机的地方获得的。”他说。接着，他买的是一台家用咖啡机。“800 多元还是 1200 元吧，与磨豆机加起来不到 2000 元。”这如今看来入门级的设备，对当时的刘让来说意义非凡，“总算有自己做拉花的机器了”。

接下来的故事就简单了。刘让如同 RPG 游戏的主角一样，一路“修炼、升级、换装备”，基本的循环是这样的：入手机器一台，了解、研究、实践，发现不够用，渴求新机器，攒钱攒钱攒钱……

而那时没有更多资金与获取信息的渠道，泡咖啡馆成了刘让的新日常：吧台旁边，与咖啡师、咖啡机最近的地方，几乎成了刘让的“专属区域”，无论有没有设置座位。

“脸皮厚嘛！”刘让笑笑，“不明白的就问人家，有那么多想不透的东西。”

用现在的话说，这是“入坑了”。回到郑州后，他租了个40平方米的房子住，哦不，实际上他只住一小半，客厅的空间被他用来摆放自己当时不算稀有，但每样都舍不得丢的咖啡设备。“住的地方嘛，能把我塞下就够了。”刘让如是说。

02 从值“一套房首付”的机器开始

刘让对咖啡的求知欲惊人。

他会购买当时他可以买到的几乎所有咖啡书籍；去参加一些专业培训课程；出差到一座城市，先看有多少好咖啡馆可以去拜访交流……但有一份收入不错工作的他，彼时并没有想过要入行。

直到2012年，他没忍住入手了一台18万多元的synesso咖啡机——这在当时的郑州是能付得起一套小房子的首付的。刘让觉得，咖啡这事儿不能再当成一种纯玩儿的爱好，太下本了。

2013年，他开始更有意识地丰富自己在行业里的积淀。逛展会了解新机器，和设备供应商频繁打交道，甚至熟知一些厂家业务员的电话……

在当时，已经有一些咖啡圈内的发烧友，会购买刘让烘焙的咖啡豆。但直到2014年，他才把这个店开起来，可这店看上去就不像是要“好好做生意”的——店开在一个离市中心较远、进入还要登记的别墅社区；自2014年年底搬来开始装修，到2015年9月才装修完毕，用了快一年的时间；店名的后缀也够新奇，“让咖啡艺术空间”，很容易让人摸不清是做什么的……

这种选址方案放在今天的一些开店攻略里，估计是会被直接过滤掉的那种。

▲让咖啡内部

但这幢三层小楼，却能把刘让这些年购买来的咖啡设备安稳地放置下来。没有“顶层设计”“团队框架”的考虑，他的想法简单纯粹，有这样一个地方，能继续静下心来好好“研究设备与豆子”。

他代理了一个家用咖啡机品牌，卖卖机器、烘烘豆子、教教学生。偶有访客，多来自朋友介绍，就做杯咖啡聊聊天。

掐指一算，房租、原料、日常运维，一年的成本要三四十万元，能付得起房租、吃得起饭，够了。

03 既“把握机遇”，也“懂得设限”

可有时候就是这么“事与愿违”。没什么商业模式的考量，只想好好研究机器和豆子，能养活自己就成的“让咖啡”，却吸引了越来越多的人。刘让并不掩饰，“如今仅课程培训这方面的业务，就已经能够把店养起来了。”

如果说，培训课程方面是他理论知识、实践经验、人际关系漫长沉淀的结果，那么另外两点就要来自于一种决策上的“机遇把握”和“给自己设限”。

一个关键机遇点在 2016 年，刘让咬着牙拿下了 La Marzocco 河南地区的总代理。

据其了解，这样顶尖的设备，在当时河南市场的保有量还不足 10 台，而想成为区域总代理的前提是要先买进一定量的机器。“一下子又是大几十万的投入。”

从理论分析来看，在当时的市场保有量下，每年区域内能有 5 台的递增就相当不错了，做代理可能要面临不小的库存压力，这让一些设备商望而却步。

刘让的想法可以用“豁出去”来形容：“能卖得出去就卖，卖不出去就放在这儿看着，我自己用。”

市场的反馈超出他的预期，不到一年的时间，他卖出了将近20台机器，且多数是价位在8万元~10万元的中高端机型。

回想起来，他表示当时这个决策做得不容易，但是“发烧友情结”又似乎让这一步成为必然，“我对这个机器非常了解，如果这个代理权被别人拿走了，我的幸福指数会丢一半儿。”

而“给自己设限”则明显体现在“让咖啡”自己不经营成“咖啡馆”的形态，以及原材料的出售只局限在咖啡豆。这是要经得起诱惑的。随着“让咖啡”的发展，不乏有人找到刘让，问他要不要做个水吧相关原料的代理？看上去风头正劲、利润丰厚。刘让一一拒绝。

咖评

懂得设限，专注擅长领域。

2017年，当前来咨询的客户越来越多时，他请了一个职业经理人，对这个地方——他终于称之为“公司”了，也开始进行公司化的管理。

以往他们的上班时间“随缘”，兴之所至能一起研究咖啡到凌晨，而第二天可能就是“早上从午饭开始”的节奏。如今，有了规定的工作时间，刚因为迟到而“被罚”的刘让摊了摊手，表示自己还不太适应。

到今天，刘让画画的那个梦想还在，“让咖啡”里还挂有他创作的画作，只是现在，全心投入到咖啡和这个发展迅速的公司上的他，已经忙得几乎没有时间画画了。

但看得出来，他享受这样的状态。

3. 闭店两年又复活的咖啡馆

什么样的咖啡才能称得上“精品咖啡”？评价的标准可能有很多。不过，你说用机器人冲出来的算不算呢？

这家有故事的咖啡馆，叫 FishEye Café（鱼眼儿咖啡），曾经在精品圈儿红极一时。但 2015 年突然全面闭店。后来，它带着手冲咖啡机器人在上海“复活”了。

我们跟鱼眼儿咖啡的创始人孙瑜，聊了聊这几年的故事。

01 变换商业模式

关了北京大店，到上海开街铺。

挑个好天气的上午，到上海长乐路走一圈，你会发现这条街上的咖啡馆数不胜数，几乎十步就有一家。在这样竞争惨烈的地段，一家叫做 FishEye Café（鱼眼儿咖啡）的精品咖啡馆悄然诞生。

这是一家仅有 20 平方米左右的街铺，靠近街道的窗口摆着一台咖啡机器，整体装修简单轻松。乍一看并没有很特别，毕竟这是在什么都琳琅满目的上海。

创始人孙瑜算得上咖啡界的“老炮”了。他毕业于华盛顿大学，曾在苹果公司就职并负责苹果在中国的创立，2010 年从苹果辞职进入咖啡行业。他告诉我，鱼眼儿咖啡这一次“重启”，带来了很多新鲜的东西。

上海这家新开的鱼眼儿咖啡，并不是一个全新的品牌。这一次在上海开店，是孙瑜和他的团队阔别数年后的“卷土重来”。

▲在上海，这样的街边店太常见了

2010 年，鱼眼儿咖啡在北京、成都、沈阳都开过店，到 2013 年时，遇上商业地产租金飞涨，鱼眼儿咖啡开始把重点放在咖啡豆烘焙业务上。到 2015 年，孙瑜和他的团队，加入了一家知名的资本集团，专心研究国内咖啡市场以及消费升级的业务，当时他们关闭了鱼眼儿咖啡所有的门店。

▲变换成临街的商业模式

距首次开店 7 年之后，鱼眼儿咖啡打算换种商业模式，重新开始。

于是，鱼眼儿咖啡从北京来到上海，开了家小小的临街铺。

02 机器人冲精品咖啡，3 分钟出 5 杯

鱼眼儿咖啡的街铺要卖精品黑咖啡，有意思的是，冲咖啡的除了咖啡师本人，还有一台智能手冲咖啡机器人，据说这样的机器国内仅其一个品牌在使用。

这台机器人可以同时制作 5 杯手冲咖啡，还可以是不同的口味，每一杯需要耗时 2~3 分钟，一个小时不间断可以做 60 杯。

▲可以一次做 5 杯的咖啡机

这看起来就是台机器啊，之所以叫“机器人”，是出于其英文的介绍中的“robotic”。而且在咖啡冲煮的时候，它确实需要实时地重新计算接下来做咖啡的最佳路径是什么。

在一贯的认知里，大多数的精品咖啡馆除了咖啡豆，最大的卖点不应该是咖啡师的手冲吗？关于这一点，孙瑜说，机器人并不是完全替代咖啡师的，高峰时期，咖啡师需要数次重复制作咖啡，难免会产生一些偏差，量产是存在弊端的。通过机器人把手工制作的不确定性最大程度规避，能够确保咖啡出品的稳定。

另一个因素是，机器能提高产能，即使是高峰期，顾客也不需要等太多时间，就可享用到一杯黑咖啡了，大大提升了顾客的体验。

鱼眼儿咖啡的产品定价并不贵，对标的是星巴克的美式，一杯黑咖啡售价 28 元。

鱼眼儿咖啡所有的做法，都指向一个结果：希望在顺应市场趋势的前提下，从时间成本、经济成本上排除痛点，让黑咖啡成为一种日常选择。

03 去你的自命不凡

提到精品咖啡的规模化问题，一方面大多精品咖啡主打“小众”概念，试图吸引那些追求独特和个性的消费者，显然，这样的基数太小了；另一方面，孙瑜提到，想要将精品咖啡规模化也来源于技术层面的因素：咖啡师的供不应求。

对精品咖啡馆而言，咖啡师的专业性至关重要。一旦要开多家分店，咖啡师的专业度必然会有一定程度的缩水。

精品咖啡的市场很大，用情怀和爱来开店只能是小打小闹，只有想透彻才能真正得到市场和人心。

到了今天，“孤芳自赏”早已不适合精品咖啡，鱼眼儿咖啡也认准了这个品类应该“走下神坛”，才更能被消费者拥抱。其第二家店也在紧锣密鼓地筹备中了，并且已经确定要重新“杀回”北京开店。

在我就要离开的时候，孙瑜站在店外抽烟。他告诉我，他最喜欢的咖啡厅是美国的树墩城。他说这个知名的品牌，有一句知名的 Slogan：“去你的自命不凡。”

4. 开咖啡馆千万不能“自嗨”

窗外初雪落下，寒意渐浓。咖sir躲在中关村一家小馆子蹭网取暖，偶遇一位咖啡馆“先烈”，与他聊得很投机。咖sir感觉得到，他对咖啡是虔诚的：他曾为一杯完美出品练习了整整一夜，也曾为一款稀有的豆子连夜赶航班。聊起他的“宝贝”咖啡机时，他仍会两眼冒光——那台三头咖啡机的花费，足以在北京开一家麻辣烫店。

01 我是真心爱着咖啡，它却让我血本无归

但就在上个月，他的咖啡馆转让了。

用他自己的话说，用五十倍于麻辣烫店的成本开咖啡馆，收入却不及麻辣烫的五十分之一。这位名牌大学毕业的35岁素净男人，把失败原因归结为：中国咖啡市场上的消费者不成熟，根本不懂咖啡。

他把进店的消费者分为两类：懂行的和不懂行的。“大部分都是不懂行的。”对那些不懂行的，他有些愤懑：“那都是些什么舌头啊？！连速溶和现磨都分辨不出来！”聊到最后，他挺有感触地流了泪：“我是真心爱着咖啡，它却让我血本无归。”听得咖sir心有戚戚焉。

“精英意识下的‘自嗨’，才是真正的幕后凶手吧？”出于善良的天性，咖sir没有当面把这话说出口。

像“素净男”这种“自嗨型”咖啡经营者，其实并不少见。他们是咖啡的信徒，沉湎其中，其乐无穷，却往往对普通消费者的需求，下意识地视而不见。结局是被那些“不懂咖啡”的消费者用脚投票，淘汰出局，然后流下眼泪。

02 你的高级设备，在消费者眼里一文不值

咖啡机买全自动还是半自动？一个头、两个头还是三个头？烘焙机什么牌子最好？

一些不差钱的咖啡经营者，在设备配置上花费的心思和财力之巨，往往令人瞠目结舌。他们把大把的钞票投入到咖啡馆的基础建设上，购买的每一样设备都是他们的宝贝。像摄影圈儿一样，设备的魅力也很容易让咖啡经营者着迷。

在一个多年的咖啡从业者看来，这些投资的确很有价值：奢华高档的设备常常让咖啡爱好者眼前一亮，投来欣羡、赞赏的目光；稳固的出品更是会获得不少内行们的青睐。但有个必须认清的现实是：你的这些设备往往只有在同行眼中才有意义，在一个普通消费者眼中，这些几乎一文不值。

他们需要的，就是一杯口感不错的咖啡和一个有情调的下午。

玩设备没错，玩物丧志就不好了。毕竟，开馆子做生意，顾客才是上帝。

03 别瞧不起“不懂行”的消费者

“自嗨型”的咖啡经营者，对咖啡产品的耐心可比对顾客好多了。

他们可以用很多种方法找出咖啡豆的甜蜜点，适合它的烘焙曲线和冲煮方式，并且可以像“素净男”一样彻夜练习，乐此不疲。

当他们把那杯饱含心血的咖啡交到客人手里时，最不能接受的一幕出现了：她不由分说地往咖啡里放入两块方糖，开始搅拌；也许她还会为她的卡布奇诺要上一根吸管。

咖 sir 觉得，这个时候“自嗨者”们的内心一定是崩溃的。如果他有

“死亡笔记”，一定会一笔一画写上她的名字，而且还力透纸背，对不对？

这是对他们信仰的亵渎啊！

接下来，他铁青着脸的冷暴力服务，一定会给她留下算不出面积的心理阴影。

结果是，“自嗨者”们又流失了一个顾客，甚至包括她的朋友们，自己离“转让止损、潇洒放手”又近了一步。

其实，如果跳出“产品自嗨”想一想，是不是咖啡不合她的口味？或者与她细细沟通，给她普及一下咖啡文化，增强她的消费体验，会不会又是另一个结局？

04 让顾客爱上咖啡，比“自嗨”更有意义

咖啡行业当然有好馆子，尤其是精品咖啡。但令人值得思索的是，很多知名的好馆子，吸引的大都是咖啡师等行业从业者。从业者到店消费占生意收入的比例很高。

在上海一家精品咖啡馆里，熟客竟然大都是周围咖啡馆的咖啡师。这家馆子成为业内人士交流切磋的平台。这对行业来讲，当然是极好的。

可是你的普通消费者去哪儿了？

其实，精英意识也好，“自嗨”也好，中国的咖啡市场现状就摆在这里。你可以抱怨咖啡文化在中国的不成熟，但你不能指望这个阶段的消费者都跟你产生精神上的共鸣。

看啊，这个市场正在以 10 倍于世界平均水平的速度成长，你眼中那些不识货的消费者，明天也许就会成为咖啡文化的信徒。而任性的“自嗨者”们，用清高的姿态拒绝了与消费者一起成长的机会，也堵上了自

己的门。

咖 sir 最后想说的是，在这个行业，如何让顾客爱上你的咖啡，比做好一杯咖啡更有意义。

5. 从零开始开咖啡馆的 L 小姐

傍晚的斜阳洒在飘窗上，空气中飘着咖啡香和慵懒的爵士乐。

这是 L 小姐的咖啡馆。

一年前，音乐系毕业的 L 小姐由一个咖啡爱好者变成了这家咖啡馆老板。

开店一年，撑过养店期，跨过“团购坑”，她文艺气质的小咖啡馆也有了起色，走上了正轨。

万万没想到，前些日子问起来，L 小姐的小咖啡馆竟然关门了。

01 前期准备：她选择了一个四线城市学咖啡

L 小姐在大学里学的音乐专业，喜欢喝咖啡，是一个标准的文艺女青年。“既然喜欢，干脆自己做一家咖啡馆吧，趁年轻。”她这样想着，于是说干就干。

喜欢喝咖啡但不会做咖啡，也不懂咖啡馆的运营，L 小姐的第一步当然是要去学习、取经。

L 小姐是个有想法的姑娘，她没去北上广深这些所谓的咖啡发达地区学习，而是跑到了一个四线城市，在许昌的一家咖啡馆学习。

“大点的咖啡馆培训都是在教你怎么冲咖啡，价格特贵，但是没有教怎么运营咖啡馆的。”即使到现在，她依旧认为当时的选择没错。

当然，大型的咖啡培训学院毕竟还是更加专业，更加系统。

但对于像L小姐这样的小咖啡馆经营者，在一家运营成熟、接市场地气的小店学习，效果其实反倒更好。

她需要的是到有例可循的经营技巧、营销方式，甚至具体到实操过程中的每一步选择：如何选址，如何控制成本，如何圈定回头客……

“这些可不是培训一下就会的。”

02 开店实操：一定要有口味出众的甜点

学成归来，踌躇满志的L小姐开始了她的咖啡馆实操之旅。

选址：郑州二七万达写字楼。大型商业中心的写字楼，附近有高校。不在市中心，房租相对便宜。周边既有上班逛街的人流，也有一部分高校的学生。

房租：60平方米的小房间，房租3000元每月，半年一交。

装修：L小姐较为克制，前期店内的装修和设备购买花了近10万元。

为了节约成本，L小姐前期并没有请服务员，而是采取“自雇用”的方式，和自己的姐姐两人轮流看店。营运不久后L小姐发现，单纯靠卖咖啡，基本挣不了几个钱，甚至连成本都赚不回来。以一杯30元的摩卡咖啡来算，一天至少要卖20杯以上才能保证收支平衡。

咖啡不够，甜点来凑。还好，L小姐做得一手美味甜点，而甜点这块儿，也成了其咖啡馆最大的盈利点。

也许是受了这点启发，如今不干咖啡馆的L小姐索性直接开了家甜品店，预订，做好之后送货上门，省去了店面的费用，生意也源源不断。

对于小咖啡馆来说，翻台率低，单纯靠咖啡售卖，客单价也不高。有几款风味出众的甜点绝对是盈利撒手锏。

甜点价格比咖啡高，成本却比之低很多，同时还能解决翻台率的问题。毕竟，买一杯咖啡就走的人少，带一份甜点走的可就大有人在了。

03 团购是个坑？千万别跳

L 小姐的店虽然在商业区，但深藏在写字楼中，客流量是个大问题。

那就上团购吧。

来的人倒是不少，但本就稀薄的利润进一步被压缩了。

冲着团购来的顾客，有的只是在附近逛街顺道而来，有的就是图个优惠便宜，他们成为回头客的概率并不高。

一旦下架团购，店里马上又恢复门可罗雀的景象。

在 L 小姐看来，咖啡馆利润本就微乎其微，上团购只是个形象展示，千万别抱着薄利多销的心理让渡过多的利润，否则会死得很惨。

规模小的咖啡馆，本来平均利润就低，翻台率也不高，如果采用团购，将承受巨大压力。

本就没几个座位的小店，坐满了团购而来的顾客，一坐一下午，看似热闹的背后，老板的内心其实有苦说不出。小咖啡馆大量上团购的结果就是：累得苦不堪言，最后赚不到钱。

04 “杀死”咖啡馆的，竟然是她

慢慢地，靠着 L 小姐个人的亲和力、好吃的甜点和半年多来积攒的顾客口碑，咖啡馆开始渐渐走上正轨。

眼看着生意有所起色，L 小姐打起小算盘：照这势头，过了养店期，之前投入的成本很快就可以收回来了。

万万没想到，一个人的出现搅碎了L小姐的梦想。

到了第二年，房租一下涨了百分之十。更令L小姐难以忍受的是，当初跟“包租婆”租房合同是半年一签，这意味着以后很可能每半年房租都要上涨10%。

继续租，还是不租？

跟“包租婆”沟通未果，深思熟虑之后，L小姐最终还是选择了闭店：否则，跟给“包租婆”打工有什么区别？于是，一家不错的小咖啡馆，就此关门。

一位业内人士告诉我，如果开咖啡馆，跟物业签的合同最好要在5年以上，时间越长越有利，否则就亏本了。

咖啡馆的装修是一次性投入的成本，然后分摊到各个经营年份中，从理论上来说，当然是年头越多越有利。由此可见，开咖啡馆最大的成本并不是材料本身，而是装修分摊、餐位流动带来的机会成本，以及消费者消费习惯带来的能源消耗。

所以，“包租婆”往往成为一些咖啡馆的“终结者”，尤其当她看你经营得还不错的时候。

当我问到L小姐今后有机会还会不会再开咖啡馆时，出乎意料，L小姐坚定地回答：“会！”

为什么？因为她家里有套自己的房马上就收回来了，“再开咖啡馆，不用交房租”。

好吧，这个想法，还真的不错。

6. 一家饮品店的学费清单

有人说，创业要学会“用别人的钱交学费”。

套路比海深的餐饮业更应该如此，否则一不小心踏入无底洞，恐怕到死都毕不了业。

下面这位餐饮人首曝七年创业的学费清单。前人之鉴，后人之师。就让我们来看看，做餐饮，别人交过的“学费”有哪些。

01 定位——找错对标对象

水果先生的创始人米登燕最初是想在水吧领域闯出一片天地，所以走的是水吧模式，2009 年一口气开了 12 家店，但发现并不赚钱，大部分店面呈亏损状态。米登燕跑遍市场，分析大量竞争对手的情况后，方才醒悟，他在对标上就找错了对象。

水吧模式的特点是“三低一高”，即单价低、面积小、客人忠诚度低，房租高。一般水吧的产品定价在 5~8 元，力求人人消费得起。

而水果先生的产品均价在 25 元左右，客人难以接受。而且，水吧顾客的需求大多是解渴，要求快。而水果先生的产品要“鲜榨”，制作过程需要 5 分钟。

最后，米登燕总结：“从产品到模式，水吧完全不匹配水果先生的产品定位。”

在不断摸索中，他把目光逐渐转向星巴克。星巴克主要为顾客提供独特的“第三空间”体验，水果先生就确定以鲜榨果汁为核心，为顾客提供健康生活方式。

02 产品线——试图做人人满意的“万人迷”

很多餐饮人都想做人人满意的“万人迷”，于是不断增加产品，只求“总有一款你喜欢的”。

“这是个谬论。开辟再多产品线，也无法做到人人满意，且会影响出品。一款产品一个月只有几次的点单率，厨师的练手次数少，很难把控出品质量。”

虽然现在这样说，但米登燕最初依然犯了迷糊。2010—2013 年，为了“活下来”，水果先生不断做“加法”，先后增加过早餐、坚果、甜点、奶茶等品类，最疯狂的时候多达 13 个产品线。多产品的结果是做得很累，却并不赚钱。

“我们提供的东西好像很多，又好像什么也没提供，13 个产品线完全模糊了我们是干什么的。”

于是，米登燕又开始做“减法”，把与鲜榨果汁无关的产品全部砍掉。

然而砍产品是很痛苦的，尤其是盈利产品。在 2014 年 9 月彻底取消早餐之前，早餐占水果先生民生店日均营收的三分之一，对追求微利的民生店来说，早餐的取消意味着亏损。

尽管团队很反对，米登燕还是坚持砍掉，最终结果证明此决定是正确的。每日营收在 5000 元左右的民生店，在早餐下架后，营业额不降反升，增至 6000 元每天。

03 选址——人流量越大越好

最初水果先生对选址的要求是早晚客流超过 3000 人的位置，可后来却发现，高人流并不意味着高回报。“有的购物中心虽然人流量大，但质量并不高。”米登燕分析道。

例如，水果先生原先在公益西桥的一家店，紧挨华联超市，早晚人流量高达6000人，但经过分析发现，这些客流目标明确，全是去超市购物的，很少会停下享受一杯纯果汁。

现在，水果先生逐渐摸索出了一套选址方法——系统调查分析。

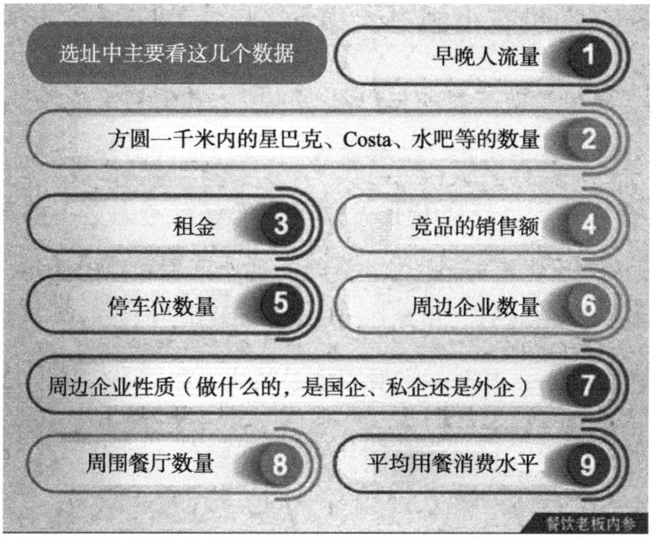

04 客户关系——只求买卖关系，忽视心智关系

米登燕最初认为：“跟客户完成一单交易，我赚了钱，你享受了产品，咱们就没有关系了。”这样做的结果是，即使跟客户有过几十单交易，品牌与客户之间依然无法建立联系，老板对自己的客户仍然一无所知。

现在，米登燕本着“以客户为中心”的原则，采取多项措施建立了全面的会员体系。

（1）与朋友合作研发支付系统，顾客线上点餐，就会留下消费痕迹。

根据数据分析客户消费行为，形成精准用户画像，借此帮助公司进行决策。

（2）专门设立品牌运营部，运营官方微博、微信公号，通过内容向顾客传播品牌文化、价值观，现在每篇文章的平均阅读量可达到 3000 以上。

（3）建立水果先生的粉丝群，聚集粉丝，通过线上互动增加品牌与客户的沟通，建立更加牢固的联系。

05 营销——幻想花小钱办大事

所谓的老板思维就是总幻想以最小的成本获得最大化的利益，这无可厚非，但在营销这点上很难“美梦成真”。米登燕就曾在这上面吃了大亏。

刚步入餐饮这行，新店开张做活动，米登燕考虑更多的还是“成本”二字。“前三天 8 折优惠”，这是米登燕反复计算后做出的决定。“其实这样的活动很正常，也很普遍，几乎所有老板都会做。但实际效果很一般。”开业前几天的生意平平，甚至一点看不出是新店开张。

几个新店的营业效果都是如此，米登燕得出一个血的教训：“开店前三天生意不行，那么这个店就永远不行了！”

在营销上与其花小钱没效果，不如“干票大的”一鸣惊人。后来的新店开张，米登燕采取了大手笔的促销方式：

（1）开业前五天，所有产品 6 折优惠；

（2）售价 35 元一杯的招牌产品牛油果果汁免费送出 500 杯（以优惠券的方式发给所在 CBD 的白领们，请他们上门品鉴）。

花大价钱的效果也是十分喜人的：活动期间日流水最高达 38 000 多元，后期也逐渐稳定在 20 000 元左右。

7. 总结：开好一家奶茶店的逻辑

10 年前想开一家奶茶店很容易，10 年后再想开一家奶茶店就很难。那么要如何开好一家奶茶店呢？

开好一家奶茶店要解决两个问题：让新顾客能买，让老顾客多买。

本节内容来自“咖门”战略营销顾问小马宋。

自喜茶之后，奶茶店成为一个备受关注的饮品店品类，从草根到明星，每个人都想着开一家自己的奶茶店，但开好一家奶茶店，你应该搞明白哪些问题呢？本节我们就来说说开一家奶茶店的逻辑。

如何开好一家奶茶店，我可以很简单地将其总结为两点：让新顾客能买，让老顾客多买。想通了这两点，你的生意一定不会太差。

本节内容的目的是教你如何思考，所以我不会罗列出所有的情况，但我会带你从奶茶店顾客的角度来考虑“如何开好奶茶店”这个问题，希望你不要拘泥于我说的情况，因为也许我说的某些情况并不是普遍存在的。但我最希望的是你看完本节内容之后牢牢地记住这样一个观点：从顾客的角度看问题。

你要把顾客消费你家店奶茶的每一个步骤进行分解，看看在哪一点上还能有所改进。

假设一位顾客从来没有听说过你的这家奶茶店，她不过是下班回家走在路上，突然觉得想喝点什么，于是她抬头向街边望了望，寻找有没有可以喝一杯的地方。

这个时候，她只是在寻找，她或许根本不确定这附近是否有奶茶店。在她目光所及之处，正好发现了你的这家奶茶店，但这条街上同样还有几家产品差不多的奶茶店。那在这位顾客寻找奶茶店的时候，你应该做点什么？

“我做不了什么”——你是不是这么想的？

不对，真的不对。虽然你确实不太可能跑到街上去，拉起她的小手说：“姑娘，你是不是想喝奶茶，来我们家吧。”但你想想，怎样才能让她在寻找奶茶店的过程中最快且优先发现你的奶茶店呢？

其实很简单，你的奶茶店门头要醒目，要容易识别，要让人一看就知道是一家奶茶店，这样她就会优先发现你家了。如果是在晚上呢，那你最好考虑把奶茶店的门头做得更亮一些，多装几个灯——多花不了几个钱，但顾客会更快地发现你。

当然，顾客的寻找过程或许不是上述这样，她有可能打开大众点评，看看附近有没有奶茶店，而正好你就在附近。那么，顾客已经发现了你的店，你要想想，这个时候该怎么做呢？

顾客已经发现了你的奶茶店，她快步走上前，这时候她是一位新顾客，你需要让这位顾客快速做决定——就在你家喝奶茶吧。她有可能犹豫，她会担心你家的奶茶好不好喝，她不知道你家奶茶的价格贵不贵，怎么办？

首先顾客会看你家奶茶店的排队情况，如果排队人多，她就会觉得你家奶茶口味一定不错，而那家没排队的，估计很一般。

但排队是一个长期经营的结果啊，怎么能做到让顾客来排队呢？其实也是有方法的，比如你可以培训你的店员，在人少的时候就做慢点，人多的时候就做快点，这就可以让你的店门口一直有人排队了。如果你开的是一家空间略大的奶茶店，可以给顾客提供几个座位，让顾客在店内休息，这样一来顾客在你们店里停留的时间就从 5 分钟变成了 20 分钟，她就会不断吸引新的顾客过来。当然，如果能让桌子靠窗就更好了。

接下来你再想想怎么才能让顾客决定买你家的奶茶。比如可以把老顾客的一些评价视频，或者你的奶茶店被报道的节目放在店内的屏幕上播放，这就营造了一种你店内的产品很受大家喜欢的氛围，也有助于顾客下单。再比如，我们可以写一个大大的海报：本店芝士奶盖乌龙茶每年卖出 3 万杯，仅售 15 元。这样写，解决了新顾客对品质的顾虑，因为你卖出那么多杯，一定很好喝对不对？而且只要 15 元，她心里就踏实了，她觉得不贵，也会更容易决定要喝一杯。

她已经决定喝你家的奶茶了，如果她觉得这个奶茶好喝，或者购物愉快，她就会再来，那她就会成为你的老顾客了。

所以，你的店员是否很热情？她的购物体验是否很愉快？你家奶茶是否真的很好喝？你家有没有优惠券？这些可能都会成为她再次光临的因素。那你就要想想，怎么才能在这几个环节上做好。

我在这里讲几个小细节。

比如收银员，这是与顾客接触最直接的店员，那么你是不是应该重点培训一下收银员？让她面带微笑，和蔼可亲一点？

比如南方的夏天闷热，而且经常下雨，如果你开的是街边奶茶店，顾客排队时候就很不舒服。这时，如果你把柜台内退几十厘米会怎样？顾客不仅可以在排队时躲雨，在天热的时候还能享受到店里空调的凉风，她这个体验或许和其他店并没有“明显”的对比，但她就是觉得在你家买奶茶比较舒服，那她下次再来的概率就会比较大。

再比如装奶茶的杯子，你会发现，虽然奶茶都一样，但是不同品质的杯子会让人感受不同，杯子品质越好，顾客就会觉得手里的奶茶越好。所以如果成本允许，就用个好点儿的杯子吧。

如果顾客恰好就在你的奶茶店附近居住或者工作，那她很有可能会成为经常光顾的老顾客。所以在她购买第一杯奶茶的时候，提醒她一下："加老板微信可以八折优惠哦。"当她加了你的微信后，你就可以随时跟她沟通，培养她喝奶茶的兴趣了。

当她成为你家奶茶店的一位铁杆老顾客后，她会怎么样?

她会转变为你家奶茶店的积极地传播者。这时你可以为她的传播给予更多鼓励和提供一些优惠。

比如，只要她来，同行的朋友都可以享受五折优惠。比如，给她一些店内优惠券让她分享给朋友等。

当然，在此我并不打算穷举所有方法。重要的是希望你能从本质上理解，对一家奶茶店来说，如何才能获得客户并维护好客户。比如你现在就可以想想，让新客户痛快地下决定还可以怎么做?让老客户不断重复购买，还有什么方法?

最后，谢谢"咖门"的邀请，让我有机会在这本书中与大家分享一些经验，想要与我分享更多营销心得和知识，可以关注我的个人公众号"小马宋"。